宣誓誓词

我宣誓:忠于中华人民共和国宪法,维护宪法权威,履行法定职责,忠于祖国、忠于人民,恪尽职守、廉洁奉公,接受人民监督,为建设富强民主文明和谐美丽的社会主义现代化强国努力奋斗!

应用版

中华人民共和国
宪法

CONSTITUTION
OF THE PEOPLE'S REPUBLIC OF CHINA

法律出版社法规中心 编

法律出版社
LAW PRESS·CHINA
北京

图书在版编目(CIP)数据

中华人民共和国宪法：应用版／法律出版社法规中心编. -- 北京：法律出版社，2021(2025.4 重印)
ISBN 978-7-5197-6108-0

Ⅰ. ①中… Ⅱ. ①法… Ⅲ. ①中华人民共和国宪法 Ⅳ. ①D921

中国版本图书馆 CIP 数据核字(2021)第 217155 号

中华人民共和国宪法(应用版)
ZHONGHUA RENMIN GONGHEGUO XIANFA(YINGYONGBAN)

法律出版社法规中心 编

责任编辑 陶玉霞 王 睿
装帧设计 李 瞻

出版发行 法律出版社
编辑统筹 法规出版分社
责任校对 张红蕊
责任印制 耿润瑜
经　　销 新华书店

开本 850 毫米×1168 毫米 1/32
印张 8.75　**字数** 240 千
版本 2021 年 12 月第 1 版
印次 2025 年 4 月第 3 次印刷
印刷 天津嘉恒印务有限公司

地址:北京市丰台区莲花池西里 7 号(100073)
网址:www.lawpress.com.cn
投稿邮箱:info@lawpress.com.cn
举报盗版邮箱:jbwq@lawpress.com.cn
销售电话:010-83938349
客服电话:010-83938350
咨询电话:010-63939796

书号:ISBN 978-7-5197-6108-0　**定价**:20.00 元
凡购买本社图书,如有印装错误,我社负责退换。电话:010-83938349

《中华人民共和国宪法》简　介

我国现行《宪法》①是根据党的十一届三中全会确定的路线方针政策，总结中华人民共和国成立以来建设社会主义的长期实践经验，经过全民讨论，于 1982 年 12 月 4 日由五届全国人大五次会议通过的。根据形势发展的需要，1988 年 4 月 12 日七届全国人大一次会议、1993 年 3 月 29 日八届全国人大一次会议、1999 年 3 月 15 日九届全国人大二次会议、2004 年 3 月 14 日十届全国人大二次会议和 2018 年 3 月 11 日十三届全国人大一次会议先后五次对《宪法》的部分内容作了修改。这部《宪法》既保持了稳定，又在实践中与时俱进、不断完善，为我国改革开放和社会主义现代化建设，发展社会主义民主政治，推进依法治国、建设社会主义法治国家进程，维护最广大人民的根本利益，发挥了重要作用。

《宪法》共四章，规定了我国的基本政治经济制度，公民的基本权利和义务，国家机构，国旗、国歌、国徽、首都等内容。

关于我国的基本政治经济制度，《宪法》规定：中华人民共和国是工人阶级领导的、以工农联盟为基础的人民民主专政的社会主义国家。社会主义制度是中华人民共和国的根本制度。禁止任何组织或者个人破坏社会主义制度。中华人民共和国的一切权力

---

① 为方便阅读，本书中法律法规名称均使用简称。

属于人民。人民行使国家权力的机关是全国人民代表大会和地方各级人民代表大会。人民依照法律规定,通过各种途径和形式,管理国家事务,管理经济和文化事业,管理社会事务。中华人民共和国的国家机构实行民主集中制的原则。全国人民代表大会和地方各级人民代表大会都由民主选举产生,对人民负责,受人民监督。国家行政机关、监察机关、审判机关、检察机关都由人民代表大会产生,对它负责,受它监督。中央和地方的国家机构职权的划分,遵循在中央的统一领导下,充分发挥地方的主动性、积极性的原则。中华人民共和国的社会主义经济制度的基础是生产资料的社会主义公有制,即全民所有制和劳动群众集体所有制。社会主义公有制消灭人剥削人的制度,实行各尽所能、按劳分配的原则。国家在社会主义初级阶段,坚持公有制为主体、多种所有制经济共同发展的基本经济制度,坚持按劳分配为主体、多种分配方式并存的分配制度。

关于公民的基本权利和义务,《宪法》规定:凡具有中华人民共和国国籍的人都是中华人民共和国公民。中华人民共和国公民在法律面前一律平等。国家尊重和保障人权。任何公民享有宪法和法律规定的权利,同时必须履行宪法和法律规定的义务。中华人民共和国年满十八周岁的公民,不分民族、种族、性别、职业、家庭出身、宗教信仰、教育程度、财产状况、居住期限,都有选举权和被选举权;但是依照法律被剥夺政治权利的人除外。中华人民共和国公民有言论、出版、集会、结社、游行、示威的自由。中华人民共和国公民有宗教信仰自由。中华人民共和国公民的人身自由不受侵犯。任何公民,非经人民检察院批准或者决定或者人民法院决定,并由公安机关执行,不受逮捕。中华人民共和国公民的人格尊严不受侵犯。禁止用任何方法对公民进行侮辱、诽谤和诬告陷害。中华人民共和国公民的通信自由和通信秘密受法律的保护。中华人民共和国公民有维护国家统一和全国各民族团结的义务。

中华人民共和国公民必须遵守宪法和法律，保守国家秘密，爱护公共财产，遵守劳动纪律，遵守公共秩序，尊重社会公德。中华人民共和国公民有维护祖国的安全、荣誉和利益的义务，不得有危害祖国的安全、荣誉和利益的行为。保卫祖国、抵抗侵略是中华人民共和国每一个公民的神圣职责。依照法律服兵役和参加民兵组织是中华人民共和国公民的光荣义务。中华人民共和国公民有依照法律纳税的义务。

《宪法》规定了全国人民代表大会、中华人民共和国主席、国务院、中央军事委员会、地方各级人民代表大会和地方各级人民政府、民族自治地方的自治机关、监察委员会、人民法院和人民检察院等国家机构的组成和权限。

《宪法》涉及的相关法律包括《地方各级人民代表大会和地方各级人民政府组织法》《全国人民代表大会和地方各级人民代表大会选举法》《监察法》《人民法院组织法》《人民检察院组织法》《国务院组织法》《民族区域自治法》《立法法》等。

《宪法》是国家的根本法，维护《宪法》的权威既是每个公民的责任，也是国家稳定和发展的基石。

目　　录

中华人民共和国宪法

（2018年3月11日修正文本）

中华人民共和国宪法修正案

（1988年4月12日）

中华人民共和国宪法修正案

（1993年3月29日）

中华人民共和国宪法修正案

（1999年3月15日）

中华人民共和国宪法修正案

(2004年3月14日)

中华人民共和国宪法修正案

(2018年3月11日)

附　录　一

附　录　二

附　录　三

中华人民共和国宪法

（1982年12月4日第五届全国人民代表大会第五次会议通过　1982年12月4日全国人民代表大会公告公布施行　根据1988年4月12日第七届全国人民代表大会第一次会议通过的《中华人民共和国宪法修正案》、1993年3月29日第八届全国人民代表大会第一次会议通过的《中华人民共和国宪法修正案》、1999年3月15日第九届全国人民代表大会第二次会议通过的《中华人民共和国宪法修正案》、2004年3月14日第十届全国人民代表大会第二次会议通过的《中华人民共和国宪法修正案》和2018年3月11日第十三届全国人民代表大会第一次会议通过的《中华人民共和国宪法修正案》修正）

目　录

序　言

中国是世界上历史最悠久的国家之一。中国各族人民共同创造了光辉灿烂的文化,具有光荣的革命传统。

一八四〇年以后,封建的中国逐渐变成半殖民地、半封建的国家。中国人民为国家独立、民族解放和民主自由进行了前仆后继的英勇奋斗。

二十世纪,中国发生了翻天覆地的伟大历史变革。

一九一一年孙中山先生领导的辛亥革命,废除了封建帝制,创立了中华民国。但是,中国人民反对帝国主义和封建主义的历史任务还没有完成。

一九四九年,以毛泽东主席为领袖的中国共产党领导中国各族人民,在经历了长期的艰难曲折的武装斗争和其他形式的斗争以后,终于推翻了帝国主义、封建主义和官僚资本主义的统治,取得了新民主主义革命的伟大胜利,建立了中华人民共和国。从此,中国人民掌握了国家的权力,成为国家的主人。

中华人民共和国成立以后,我国社会逐步实现了由新民主主义到社会主义的过渡。生产资料私有制的社会主义改造已经完成,人剥削人的制度已经消灭,社会主义制度已经确立。工人阶级领导的、以工农联盟为基础的人民民主专政,实质上即无产阶级专政,得到巩固和发展。中国人民和中国人民解放军战胜了帝国主义、霸权主义的侵略、破坏和武装挑衅,维护了国家的独立和安全,增强了国防。经济建设取得了重大的成就,独立的、比较完整的社会主义工业体系已经基本形成,农业生产显著提高。教育、科学、文化等事业有了很大的发展,社会主义思想教育取得了明显的成效。广大人民的生活有了较大的改善。

中国新民主主义革命的胜利和社会主义事业的成就,是中国共产党领导中国各族人民,在马克思列宁主义、毛泽东思想的指引下,坚持真理,修正错误,战胜许多艰难险阻而取得的。我国将长期处于社会主义初级阶段。国家的根本任务是,沿着中国特色社会主义道路,集中力量进行社会主义现代化建设。中国各族人民将继续在中国共产党领导下,在马克思列宁主义、毛泽东思想、邓小平理论、"三个代表"重要思想、科学发展观、习近平新时代中国特色社会主义思想指引下,坚持人民民主专政,坚持社会主义道路,坚持改革开放,不断完善社会主义的各项制度,发展社会主义市场经济,发展社会主义民主,健全社会主义法治,贯彻新发展理念,自力更生,艰苦奋斗,逐步实现工业、农业、国防和科学技术的现代化,推动物质文明、政治文明、精神文明、社会文明、生态文明协调发展,把我国建设成为富强民主文明和谐美丽的社会主义现代化强国,实现中华民族伟大复兴。

◉ 立法沿革

1982 年《宪法》第七自然段的内容为:"中国新民主主义革命的

胜利和社会主义事业的成就,都是中国共产党领导中国各族人民,在马克思列宁主义、毛泽东思想的指引下,坚持真理,修正错误,战胜许多艰难险阻而取得的。今后国家的根本任务是集中力量进行社会主义现代化建设。中国各族人民将继续在中国共产党领导下,在马克思列宁主义、毛泽东思想指引下,坚持人民民主专政,坚持社会主义道路,不断完善社会主义的各项制度,发展社会主义民主,健全社会主义法制,自力更生,艰苦奋斗,逐步实现工业、农业、国防和科学技术的现代化,把我国建设成为高度文明、高度民主的社会主义国家。"

1993年《宪法修正案》(第3条)将第七自然段后两句改为:"我国正处于社会主义初级阶段。国家的根本任务是,根据建设有中国特色社会主义的理论,集中力量进行社会主义现代化建设。中国各族人民将继续在中国共产党领导下,在马克思列宁主义、毛泽东思想指引下,坚持人民民主专政,坚持社会主义道路,坚持改革开放,不断完善社会主义的各项制度,发展社会主义民主,健全社会主义法制,自力更生,艰苦奋斗,逐步实现工业、农业、国防和科学技术的现代化,把我国建设成为富强、民主、文明的社会主义国家。"本次修改,明确了社会主义初级阶段的国情。

1999年《宪法修正案》(第12条)将第七自然段进一步修改为:"中国新民主主义革命的胜利和社会主义事业的成就,是中国共产党领导中国各族人民,在马克思列宁主义、毛泽东思想的指引下,坚持真理,修正错误,战胜许多艰难险阻而取得的。我国将长期处于社会主义初级阶段。国家的根本任务是,沿着建设有中国特色社会主义的道路,集中力量进行社会主义现代化建设。中国各族人民将继续在中国共产党领导下,在马克思列宁主义、毛泽东思想、邓小平理论指引下,坚持人民民主专政,坚持社会主义道路,坚持改革开放,不断完善社会主义的各项制度,发展社会主义市场经济,发展社会主义民主,健全社会主义法制,自力更生,艰苦奋斗,逐步实现工业、农业、国防和科学技术的现代化,把我国建设成为富强、民主、文明的社会主义国家。"本次修改,将邓小平理论作为指导思想写入宪法,并明确提出我国将长期处于社会主义初级阶段。

2004年《宪法修正案》(第18条)将第七自然段中的“在马克思列宁主义、毛泽东思想、邓小平理论指引下”修改为“在马克思列宁主义、毛泽东思想、邓小平理论和‘三个代表’重要思想指引下”,“沿着建设有中国特色社会主义的道路”修改为“沿着中国特色社会主义道路”,在“逐步实现工业、农业、国防和科学技术的现代化”之后增加“推动物质文明、政治文明和精神文明协调发展”。本次修改,增加了将“三个代表”重要思想作为指导思想,确定了“中国特色社会主义道路”的提法,提出物质文明、政治文明和精神文明的协调发展。

2018年《宪法修正案》(第32条)对第七自然段作出的修改是:“在马克思列宁主义、毛泽东思想、邓小平理论和‘三个代表’重要思想指引下”修改为“在马克思列宁主义、毛泽东思想、邓小平理论、‘三个代表’重要思想、科学发展观、习近平新时代中国特色社会主义思想指引下”;“健全社会主义法制”修改为“健全社会主义法治”;在“自力更生,艰苦奋斗”前增写“贯彻新发展理念”;“推动物质文明、政治文明和精神文明协调发展,把我国建设成为富强、民主、文明的社会主义国家”修改为“推动物质文明、政治文明、精神文明、社会文明、生态文明协调发展,把我国建设成为富强民主文明和谐美丽的社会主义现代化强国,实现中华民族伟大复兴”。

在我国,剥削阶级作为阶级已经消灭,但是阶级斗争还将在一定范围内长期存在。中国人民对敌视和破坏我国社会主义制度的国内外的敌对势力和敌对分子,必须进行斗争。

台湾是中华人民共和国的神圣领土的一部分。完成统一祖国的大业是包括台湾同胞在内的全中国人民的神圣职责。

社会主义的建设事业必须依靠工人、农民和知识分子,团结一切可以团结的力量。在长期的革命、建设、改革过程中,已经结成由中国共产党领导的,有各民主党派和各人民团体参加的,包括全体社会主义劳动者、社会主义事业的建设者、拥护社会主义的爱国者、拥护祖国统一和致力于中华民族伟大复兴的爱国者的广泛的爱国统一战线,这个统一战线将继续巩固和发展。中国人民政治协商会议是有广泛代表性的统一战线组织,过去发挥了重要的历史作用,今后在国家政治生活、社会生活和对外友好活动中,在进行社会主义现代化建设、维护国家的统一和团结的斗争中,将进一步发挥它的重要作用。中国共产党领导的多党合作和政治协商制度将长期存在和发展。

◉ 立法沿革

1982 年《宪法》第十自然段的内容为:"社会主义的建设事业必须依靠工人、农民和知识分子,团结一切可以团结的力量。在长期的革命和建设过程中,已经结成由中国共产党领导的,有各民主党派和各人民团体参加的,包括全体社会主义劳动者、拥护社会主义的爱国者和拥护祖国统一的爱国者的广泛的爱国统一战线,这个统一战线将继续巩固和发展。中国人民政治协商会议是有广泛代表性的统一战线组织,过去发挥了重要的历史作用,今后在国家政治生活、社会生活和对外友好活动中,在进行社会主义现代化建设、维护国家的统一和团结的斗争中,将进一步发挥它的重要作用。"

1993 年《宪法修正案》(第 4 条)在第十自然段末尾增加:"中国共产党领导的多党合作和政治协商制度将长期存在和发展。"

2004 年《宪法修正案》(第 19 条)将第十自然段第 2 句修改为:"在长期的革命和建设过程中,已经结成由中国共产党领导的,有各民主党派和各人民团体参加的,包括全体社会主义劳动者、社会主义事业的建设者、拥护社会主义的爱国者和拥护祖国统一的爱国者的广泛的爱国统一战线,这个统一战线将继续巩固和发展。"

2018年《宪法修正案》(第33条)对第十自然段作出的修改是："在长期的革命和建设过程中"修改为"在长期的革命、建设、改革过程中"；"包括全体社会主义劳动者、社会主义事业的建设者、拥护社会主义的爱国者和拥护祖国统一的爱国者的广泛的爱国统一战线"修改为"包括全体社会主义劳动者、社会主义事业的建设者、拥护社会主义的爱国者、拥护祖国统一和致力于中华民族伟大复兴的爱国者的广泛的爱国统一战线"。

中华人民共和国是全国各族人民共同缔造的统一的多民族国家。平等团结互助和谐的社会主义民族关系已经确立，并将继续加强。在维护民族团结的斗争中，要反对大民族主义，主要是大汉族主义，也要反对地方民族主义。国家尽一切努力，促进全国各民族的共同繁荣。

◉ 立法沿革

1982年《宪法》第十一自然段的内容为："中华人民共和国是全国各族人民共同缔造的统一的多民族国家。平等、团结、互助的社会主义民族关系已经确立，并将继续加强。在维护民族团结的斗争中，要反对大民族主义，主要是大汉族主义，也要反对地方民族主义。国家尽一切努力，促进全国各民族的共同繁荣。"

2018年《宪法修正案》(第34条)将第十一自然段中"平等、团结、互助的社会主义民族关系已经确立，并将继续加强"修改为"平等团结互助和谐的社会主义民族关系已经确立，并将继续加强"。

中国革命、建设、改革的成就是同世界人民的支持分不开的。中国的前途是同世界的前途紧密地联系在一起的。中国坚持独立自主的对外政策，坚持互相尊重主权和领土完整、互不侵犯、互不干涉内政、平等互利、和平共处的五项原则，坚持和平发展道路,坚持互利共赢开放战略,发展同各国的外交关系和经济、文化交流,推动构建人类命运共同体;坚持反对帝国主义、霸权主义、殖民主义,加强同世界各国人民的团结,支持被压迫民族和发展中国家争取和维护民族独立、发展民族经济的正义斗争,为维护世界和平和促进人类进步事业而努力。

◉ 立法沿革

1982 年《宪法》第十二自然段的内容为:"中国革命和建设的成就是同世界人民的支持分不开的。中国的前途是同世界的前途紧密地联系在一起的。中国坚持独立自主的对外政策,坚持互相尊重主权和领土完整、互不侵犯、互不干涉内政、平等互利、和平共处的五项原则,发展同各国的外交关系和经济、文化的交流;坚持反对帝国主义、霸权主义、殖民主义,加强同世界各国人民的团结,支持被压迫民族和发展中国家争取和维护民族独立、发展民族经济的正义斗争,为维护世界和平和促进人类进步事业而努力。"

2018 年《宪法修正案》(第 35 条)对第十二自然段作出的修改是:将"中国革命和建设的成就是同世界人民的支持分不开的"修改为"中国革命、建设、改革的成就是同世界人民的支持分不开的";在"中国坚持独立自主的对外政策,坚持互相尊重主权和领土完整、互不侵犯、互不干涉内政、平等互利、和平共处的五项原则"后增加"坚持和平发展道路,坚持互利共赢开放战略";"发展同各国的外交关系和经济、文化的交流"修改为"发展同各国的外交关系和经济、文化交流,推动构建人类命运共同体"。

本宪法以法律的形式确认了中国各族人民奋斗的成果,规定了国家的根本制度和根本任务,是国家的根本法,具有最高的法律效力。全国各族人民、一切国家机关和武装力量、各政党和各社会团体、各企业事业组织,都必须以宪法为根本的活动准则,并且负有维护宪法尊严、保证宪法实施的职责。

第一章　总　纲

第一条　国体

中华人民共和国是工人阶级领导的、以工农联盟为基础的人民民主专政的社会主义国家。

社会主义制度是中华人民共和国的根本制度。中国共产党领导是中国特色社会主义最本质的特征。禁止任何组织或者个人破坏社会主义制度。

◉ 立法沿革

2018年《宪法修正案》(第36条)在1982年《宪法》本条第2款"社会主义制度是中华人民共和国的根本制度。"后增写一句,内容为:"中国共产党领导是中国特色社会主义最本质的特征。"

第二条　政体

中华人民共和国的一切权力属于人民。

人民行使国家权力的机关是全国人民代表大会和地方各级人民代表大会。

人民依照法律规定,通过各种途径和形式,管理国家事务,管理经济和文化事业,管理社会事务。

第三条 民主集中制原则

中华人民共和国的国家机构实行民主集中制的原则。

全国人民代表大会和地方各级人民代表大会都由民主选举产生,对人民负责,受人民监督。

国家行政机关、监察机关、审判机关、检察机关都由人民代表大会产生,对它负责,受它监督。

中央和地方的国家机构职权的划分,遵循在中央的统一领导下,充分发挥地方的主动性、积极性的原则。

◉ 立法沿革

1982年《宪法》本条第3款的内容是:“国家行政机关、审判机关、检察机关都由人民代表大会产生,对它负责,受它监督。”

2018年《宪法修正案》(第37条)对本条第3款进行了修改。

◉ 条文注释

本条是关于国家机构的组织原则,即民主集中制原则具体内容的规定。民主集中制是党和国家政治生活的重要原则,是指在民主基础上集中、在集中指导下民主的一个国家机构组织和活动原则,体现了民主与集中的辩证统一。民主集中制原则在国家机关的组织和活动中主要体现在:(1)在国家机构与人民的关系方面,体现了国家权力来自人民,因为权力机关——人民代表大会是由人民民主选举产生的人民代表组成的。(2)在国家权力机关与其他国家机关之间的关系方面,国家权力机关居于核心地位,其他的国家机关都由它产生,对它负责,受它监督。(3)在中央国家机关和地方国家机关的关系方面,遵循在中央的统一领导下,充分发挥地方的主动性、积极性的原则。

◉ 关联法规

《全国人民代表大会和地方各级人民代表大会选举法》;《全国人

民代表大会和地方各级人民代表大会代表法》;《全国人民代表大会组织法》;《国务院组织法》;《人民法院组织法》;《人民检察院组织法》;《地方各级人民代表大会和地方各级人民政府组织法》

第四条 民族政策

中华人民共和国各民族一律平等。国家保障各少数民族的合法的权利和利益,维护和发展各民族的平等团结互助和谐关系。禁止对任何民族的歧视和压迫,禁止破坏民族团结和制造民族分裂的行为。

国家根据各少数民族的特点和需要,帮助各少数民族地区加速经济和文化的发展。

各少数民族聚居的地方实行区域自治,设立自治机关,行使自治权。各民族自治地方都是中华人民共和国不可分离的部分。

各民族都有使用和发展自己的语言文字的自由,都有保持或者改革自己的风俗习惯的自由。

◉ 立法沿革

2018 年《宪法修正案》(第 38 条)将 1982 年《宪法》本条第 1 款中的"国家保障各少数民族的合法的权利和利益,维护和发展各民族的平等、团结、互助关系"修改为"国家保障各少数民族的合法的权利和利益,维护和发展各民族的平等团结互助和谐关系"。

◉ 条文注释

民族区域自治是中国共产党运用马克思列宁主义解决我国民族问题的基本政策,是国家的一项基本政治制度。民族区域自治是在国家统一领导下,各少数民族聚居的地方实行区域自治,设立自治机关,行使自治权。实行民族区域自治,体现了国家充分尊重和保障各少数民族管理本民族内部事务权利的精神,体现了国家坚持实行各民族平等、团结和共同繁荣的原则。《民族区域自治法》是实施《宪法》规定的民族区域自治制度的基本法律。

民族自治地方分为自治区、自治州、自治县。民族自治地方的自治机关是自治区、自治州、自治县的人民代表大会和人民政府。民族自治地方的人民政府对本级人民代表大会和上一级国家行政机关负责并报告工作,在本级人民代表大会闭会期间,对本级人民代表大会常务委员会负责并报告工作。各民族自治地方的人民政府都是国务院统一领导下的国家行政机关,都服从国务院。民族自治地方的人民政府实行自治区主席、自治州州长、自治县县长负责制。

自治机关的自治权体现在:(1)民族自治地方的人民代表大会有权依照当地民族的政治、经济和文化的特点,制定自治条例和单行条例。(2)上级国家机关的决议、决定、命令和指示,如有不适合民族自治地方实际情况的,自治机关可以报经该上级国家机关批准,变通执行或者停止执行。(3)以实行区域自治的民族的语言文字为主执行职务。(4)可以依照《宪法》《民族区域自治法》和有关法律的规定,自主管理本行政区域的经济建设、财政、教育、科学、文化、卫生、环境与资源保护等各项事务。

◉ 关联法规

《民族区域自治法》;《国务院实施〈中华人民共和国民族区域自治法〉若干规定》

第五条　法治原则

中华人民共和国实行依法治国,建设社会主义法治国家。

国家维护社会主义法制的统一和尊严。

一切法律、行政法规和地方性法规都不得同宪法相抵触。

一切国家机关和武装力量、各政党和各社会团体、各企业事业组织都必须遵守宪法和法律。一切违反宪法和法律的行为,必须予以追究。

任何组织或者个人都不得有超越宪法和法律的特权。

◉ 立法沿革

本条第1款为1999年《宪法修正案》(第13条)所加。

◉ 条文注释

本条是关于社会主义法治国家的原则性规定,也是法律效力等级的宪法依据。1999年《宪法修正案》确立了法治原则,法制统一是法治国家的必然要求,遵守宪法和法律是法治国家的必备要素。法制是立法、执法、守法的过程和体系,法制的统一包括立法的统一和法律实施的统一。我国是单一制国家,各种具有法律效力的规范性文件包括宪法、法律、行政法规、地方性法规和规章,按其法律效力大小形成了一个统一、严密的法制体系。在这个体系中,宪法居于核心地位,是国家的根本法,具有最高的法律效力,一切法律、行政法规、地方性法规和规章都不得同宪法相抵触。全国各族人民、一切国家机关和武装力量、各政党和各社会团体、各企业事业组织,都必须以宪法为根本的活动准则,必须在宪法和法律规定的范围内活动,对于违反宪法和法律的行为必须承担相应的法律责任。

党的二十大报告提出,全面依法治国是国家治理的一场深刻革命,关系党执政兴国,关系人民幸福安康,关系党和国家长治久安。必须更好发挥法治固根本、稳预期、利长远的保障作用,在法治轨道上全面建设社会主义现代化国家。我们要坚持走中国特色社会主义法治道路,建设中国特色社会主义法治体系、建设社会主义法治国家,围绕保障和促进社会公平正义,坚持依法治国、依法执政、依法行政共同推进,坚持法治国家、法治政府、法治社会一体建设,全面推进科学立法、严格执法、公正司法、全民守法,全面推进国家各方面工作法治化。

◉ **关联法规**

《立法法》

第六条 经济制度与分配制度

中华人民共和国的社会主义经济制度的基础是生产资料的社会主义公有制,即全民所有制和劳动群众集体所有制。社会主义公有制消灭人剥削人的制度,实行各尽所能、按劳分配的原则。

国家在社会主义初级阶段,坚持公有制为主体、多种所有制经济共同发展的基本经济制度,坚持按劳分配为主体、多种分配方式并存的分配制度。

◉ **立法沿革**

1982 年《宪法》本条的内容是:“中华人民共和国的社会主义经济制度的基础是生产资料的社会主义公有制,即全民所有制和劳动群众集体所有制。”“社会主义公有制消灭人剥削人的制度,实行各尽所能,按劳分配的原则。”

1999 年《宪法修正案》(第 14 条)对本条进行了修改。

第七条 全民所有制经济

国有经济,即社会主义全民所有制经济,是国民经济中的主导力量。国家保障国有经济的巩固和发展。

◉ **立法沿革**

1982 年《宪法》本条的内容是:“国营经济是社会主义全民所有制经济,是国民经济中的主导力量。国家保障国营经济的巩固和发展。”

1993 年《宪法修正案》(第 5 条)对本条进行了修改。

◉ 关联法规

《全民所有制工业企业法》

第八条 集体所有制经济

农村集体经济组织实行家庭承包经营为基础、统分结合的双层经营体制。农村中的生产、供销、信用、消费等各种形式的合作经济,是社会主义劳动群众集体所有制经济。参加农村集体经济组织的劳动者,有权在法律规定的范围内经营自留地、自留山、家庭副业和饲养自留畜。

城镇中的手工业、工业、建筑业、运输业、商业、服务业等行业的各种形式的合作经济,都是社会主义劳动群众集体所有制经济。

国家保护城乡集体经济组织的合法的权利和利益,鼓励、指导和帮助集体经济的发展。

◉ 立法沿革

1982 年《宪法》本条的内容是:"农村人民公社、农业生产合作社和其他生产、供销、信用、消费等各种形式的合作经济,是社会主义劳动群众集体所有制经济。参加农村集体经济组织的劳动者,有权在法律规定的范围内经营自留地、自留山、家庭副业和饲养自留畜。""城镇中的手工业、工业、建筑业、运输业、商业、服务业等行业的各种形式的合作经济,都是社会主义劳动群众集体所有制经济。""国家保护城乡集体经济组织的合法的权利和利益,鼓励、指导和帮助集体经济的发展。"

1993 年《宪法修正案》(第 6 条)将本条第 1 款修改为:"农村中的家庭联产承包为主的责任制和生产、供销、信用、消费等各种形式的合作经济,是社会主义劳动群众集体所有制经济。参加农村集体经济组织的劳动者,有权在法律规定的范围内经营自留地、自留山、家庭副业和饲养自留畜。”

1999年《宪法修正案》(第15条)对本条第1款作了进一步修改。

◉ 条文注释

城镇集体所有制经济是我国社会主义公有制经济的一个基本组成部分,国家鼓励和扶持城镇集体所有制经济的发展。城镇集体所有制企业是财产属于劳动群众集体所有、实行共同劳动、在分配方式上以按劳分配为主体的社会主义经济组织,其依法取得法人资格,以其全部财产独立承担民事责任。乡村集体所有制企业是我国社会主义公有制经济的组成部分。国家对乡村集体所有制企业实行积极扶持,合理规划,正确引导,加强管理的方针。

◉ 关联法规

《民法典》第330~343条;《农村土地承包法》

第九条　自然资源的所有权及其保护措施

矿藏、水流、森林、山岭、草原、荒地、滩涂等自然资源,都属于国家所有,即全民所有;由法律规定属于集体所有的森林和山岭、草原、荒地、滩涂除外。

国家保障自然资源的合理利用,保护珍贵的动物和植物。禁止任何组织或者个人用任何手段侵占或者破坏自然资源。

◉ 条文注释

本条是关于自然资源的所有权及其保护措施的规定。矿藏、水流、森林、山岭、草原、荒地、滩涂等重要的自然资源是关系国民经济命脉的生产资料,是国计民生的基本保障,因此《宪法》规定了国家对上述自然资源的所有权,即国家对其享有充分的占有、使用、收益和处分的权利。为了保障自然资源的合理利用和保护珍贵的动植物资源，国家通过立法制定了《矿产资源法》《节约能源法》《水法》《森林法》《草原法》《野生动物保护法》等一系列法律。对于违反法律、法规侵占和破坏自然资源的行为，应当承担相应的法律责任，构成犯罪的，还应当承担相应的刑事责任。

◉ 关联法规

《民法典》第246~252条

第十条 土地制度

城市的土地属于国家所有。

农村和城市郊区的土地，除由法律规定属于国家所有的以外，属于集体所有；宅基地和自留地、自留山，也属于集体所有。

国家为了公共利益的需要，可以依照法律规定对土地实行征收或者征用并给予补偿。

任何组织或者个人不得侵占、买卖或者以其他形式非法转让土地。土地的使用权可以依照法律的规定转让。

一切使用土地的组织和个人必须合理地利用土地。

◉ 立法沿革

1982年《宪法》本条的内容是："城市的土地属于国家所有。""农村和城市郊区的土地，除由法律规定属于国家所有的以外，属于集体所有；宅基地和自留地、自留山，也属于集体所有。""国家为了公共利益的需要，可以依照法律规定对土地实行征用。""任何组织或者个人不得侵占、买卖、出租或者以其他形式非法转让土地。""一切使用土地的组织和个人必须合理地利用土地。"

1988年《宪法修正案》（第2条）将本条第4款"任何组织或者个人不得侵占、买卖、出租或者以其他形式非法转让土地"修改为"任何组织或者个人不得侵占、买卖或者以其他形式非法转让土地。土地的使用权可以依照法律的规定转让”。允许了出租或合法转让土地使用权。

2004年《宪法修正案》(第20条)将本条第3款“国家为了公共利益的需要,可以依照法律规定对土地实行征用。”修改为“国家为了公共利益的需要,可以依照法律规定对土地实行征收或者征用并给予补偿。”

◉ 条文注释

我国实行土地的社会主义公有制,即全民所有制和劳动群众集体所有制。全民所有,即国家所有土地的所有权由国务院代表国家行使。任何组织或者个人不得侵占、买卖或者以其他形式非法转让土地。土地使用权可以依法转让。国家为了公共利益的需要,可以依法对土地实行征收或者征用并给予补偿。国家依法实行国有土地有偿使用制度。但是,国家在法律规定的范围内划拨国有土地使用权的除外。

珍惜、合理利用土地和切实保护耕地是我国的基本国策。各级人民政府应当采取措施,全面规划,严格管理,保护、开发土地资源,制止非法占用土地的行为。国家实行土地用途管制制度。国家编制土地利用总体规划,规定土地用途,将土地分为农用地、建设用地和未利用地。严格限制农用地转为建设用地,控制建设用地总量,对耕地实行特殊保护。农用地是指直接用于农业生产的土地,包括耕地、林地、草地、农田水利用地、养殖水面等;建设用地是指建造建筑物、构筑物的土地,包括城乡住宅和公共设施用地、工矿用地、交通水利设施用地、旅游用地、军事设施用地等;未利用地是指农用地和建设用地以外的土地。

◉ 关联法规

《民法典》第249~250、260~263条;《土地管理法》;《土地管理法实施条例》

第十一条 非公有制经济

在法律规定范围内的个体经济、私营经济等非公有制经济，是社会主义市场经济的重要组成部分。

国家保护个体经济、私营经济等非公有制经济的合法的权利和利益。国家鼓励、支持和引导非公有制经济的发展，并对非公有制经济依法实行监督和管理。

◉ 立法沿革

1982年《宪法》本条的内容是："在法律规定范围内的城乡劳动者个体经济，是社会主义公有制经济的补充。国家保护个体经济的合法的权利和利益。""国家通过行政管理，指导、帮助和监督个体经济。"

1988年《宪法修正案》(第1条)在本条上增加："国家允许私营经济在法律规定的范围内存在和发展。私营经济是社会主义公有制经济的补充。国家保护私营经济的合法的权利和利益，对私营经济实行引导、监督和管理。"允许了私营经济存在。

1999年《宪法修正案》(第16条)将本条修改为："在法律规定范围内的个体经济、私营经济等非公有制经济，是社会主义市场经济的重要组成部分。""国家保护个体经济、私营经济的合法的权利和利益。国家对个体经济、私营经济实行引导、监督和管理。"将个体经济、私营经济等非公有制经济的地位由公有制经济的补充变为社会主义市场经济的重要组成部分。

2004年《宪法修正案》(第21条)对本条第2款作了进一步修改。

第十二条 公共财产

社会主义的公共财产神圣不可侵犯。

国家保护社会主义的公共财产。禁止任何组织或者个人用任何手段侵占或者破坏国家的和集体的财产。

第十三条　保护私有财产

公民的合法的私有财产不受侵犯。

国家依照法律规定保护公民的私有财产权和继承权。

国家为了公共利益的需要,可以依照法律规定对公民的私有财产实行征收或者征用并给予补偿。

◉ 立法沿革

1982年《宪法》本条的内容是:"国家保护公民的合法的收入、储蓄、房屋和其他合法财产的所有权。""国家依照法律规定保护公民的私有财产的继承权。"

2004年《宪法修正案》(第22条)对本条进行了修改。

◉ 关联法规

《民法典》第266~267条

第十四条　发展生产与社会保障

国家通过提高劳动者的积极性和技术水平,推广先进的科学技术,完善经济管理体制和企业经营管理制度,实行各种形式的社会主义责任制,改进劳动组织,以不断提高劳动生产率和经济效益,发展社会生产力。

国家厉行节约,反对浪费。

国家合理安排积累和消费,兼顾国家、集体和个人的利益,在发展生产的基础上,逐步改善人民的物质生活和文化生活。

国家建立健全同经济发展水平相适应的社会保障制度。

◉ 立法沿革

2004年《宪法修正案》(第23条)增加了本条第4款的内容。

◉ **关联法规**

《劳动法》;《社会保险法》;《工伤保险条例》;《失业保险条例》

第十五条 市场经济

国家实行社会主义市场经济。

国家加强经济立法,完善宏观调控。

国家依法禁止任何组织或者个人扰乱社会经济秩序。

◉ **立法沿革**

1982 年《宪法》本条的内容是:"国家在社会主义公有制基础上实行计划经济。国家通过经济计划的综合平衡和市场调节的辅助作用,保证国民经济按比例地协调发展。""禁止任何组织或者个人扰乱社会经济秩序,破坏国家经济计划。"

1993 年《宪法修正案》(第 7 条)对本条进行了修改。

第十六条 国有企业

国有企业在法律规定的范围内有权自主经营。

国有企业依照法律规定,通过职工代表大会和其他形式,实行民主管理。

◉ **立法沿革**

1982 年《宪法》本条的内容是:"国营企业在服从国家的统一领导和全面完成国家计划的前提下,在法律规定的范围内,有经营管理的自主权。""国营企业依照法律规定,通过职工代表大会和其他形式,实行民主管理。"

1993 年《宪法修正案》(第 8 条)对本条进行了修改。

◉ **关联法规**

《公司法》;《全民所有制工业企业法》;《工会法》

第十七条 集体经济组织的经营与管理

集体经济组织在遵守有关法律的前提下,有独立进行经济活动的自主权。

集体经济组织实行民主管理,依照法律规定选举和罢免管理人员,决定经营管理的重大问题。

◉ **立法沿革**

1982 年《宪法》本条的内容是:“集体经济组织在接受国家计划指导和遵守有关法律的前提下,有独立进行经济活动的自主权。”“集体经济组织依照法律规定实行民主管理,由它的全体劳动者选举和罢免管理人员,决定经营管理的重大问题。”

1993 年《宪法修正案》(第 9 条)对本条进行了修改。

◉ **关联法规**

《乡镇企业法》

第十八条 外资经济

中华人民共和国允许外国的企业和其他经济组织或者个人依照中华人民共和国法律的规定在中国投资,同中国的企业或者其他经济组织进行各种形式的经济合作。

在中国境内的外国企业和其他外国经济组织以及中外合资经营的企业,都必须遵守中华人民共和国的法律。它们的合法的权利和利益受中华人民共和国法律的保护。

◉ **关联法规**

《外商投资法》;《优化营商环境条例》

第十九条 教育事业

国家发展社会主义的教育事业,提高全国人民的科学文化水平。

国家举办各种学校,普及初等义务教育,发展中等教育、职业教育和高等教育,并且发展学前教育。

国家发展各种教育设施,扫除文盲,对工人、农民、国家工作人员和其他劳动者进行政治、文化、科学、技术、业务的教育,鼓励自学成才。

国家鼓励集体经济组织、国家企业事业组织和其他社会力量依照法律规定举办各种教育事业。

国家推广全国通用的普通话。

◉ **关联法规**

《教育法》;《义务教育法》;《职业教育法》;《高等教育法》;《学前教育法》;《民办教育促进法》;《学位法》;《国家通用语言文字法》

第二十条 科技事业

国家发展自然科学和社会科学事业,普及科学和技术知识,奖励科学研究成果和技术发明创造。

◉ **关联法规**

《科学技术进步法》;《促进科技成果转化法》;《科学技术普及法》

第二十一条　医疗卫生与体育事业

国家发展医疗卫生事业，发展现代医药和我国传统医药，鼓励和支持农村集体经济组织、国家企业事业组织和街道组织举办各种医疗卫生设施，开展群众性的卫生活动，保护人民健康。

国家发展体育事业，开展群众性的体育活动，增强人民体质。

◉ 关联法规

《基本医疗卫生与健康促进法》；《传染病防治法》；《献血法》；《药品管理法》；《中医药法》；《体育法》；《药品管理法实施条例》

第二十二条　文化事业

国家发展为人民服务、为社会主义服务的文学艺术事业、新闻广播电视事业、出版发行事业、图书馆博物馆文化馆和其他文化事业，开展群众性的文化活动。

国家保护名胜古迹、珍贵文物和其他重要历史文化遗产。

◉ 关联法规

《文物保护法》；《非物质文化遗产法》；《公共图书馆法》；《出版管理条例》

第二十三条　人才培养

国家培养为社会主义服务的各种专业人才，扩大知识分子的队伍，创造条件，充分发挥他们在社会主义现代化建设中的作用。

第二十四条 精神文明建设

国家通过普及理想教育、道德教育、文化教育、纪律和法制教育，通过在城乡不同范围的群众中制定和执行各种守则、公约，加强社会主义精神文明的建设。

国家倡导社会主义核心价值观，提倡爱祖国、爱人民、爱劳动、爱科学、爱社会主义的公德，在人民中进行爱国主义、集体主义和国际主义、共产主义的教育，进行辩证唯物主义和历史唯物主义的教育，反对资本主义的、封建主义的和其他的腐朽思想。

◉ 立法沿革

1982 年《宪法》本条的内容是："国家通过普及理想教育、道德教育、文化教育、纪律和法制教育，通过在城乡不同范围的群众中制定和执行各种守则、公约，加强社会主义精神文明的建设。""国家提倡爱祖国、爱人民、爱劳动、爱科学、爱社会主义的公德，在人民中进行爱国主义、集体主义和国际主义、共产主义的教育，进行辩证唯物主义和历史唯物主义的教育，反对资本主义的、封建主义的和其他的腐朽思想。"

2018 年《宪法修正案》(第 39 条)对本条第 2 款进行了修改。

◉ 条文注释

本条是关于精神文明建设的规定。党的二十大报告指出，全面建设社会主义现代化国家，必须坚持中国特色社会主义文化发展道路，增强文化自信，围绕举旗帜、聚民心、育新人、兴文化、展形象建设社会主义文化强国，发展面向现代化、面向世界、面向未来的，民族的科学的大众的社会主义文化，激发全民族文化创新创造活力，增强实现中华民族伟大复兴的精神力量。社会主义核心价值观是凝聚人心、汇聚民力的强大力量。用社会主义核心价值观铸魂育人，完善思想政治工作体系,推进大中小学思想政治教育一体化建设。坚持依法治国和以德治国相结合,把社会主义核心价值观融入法治建设、融入社会发展、融入日常生活。

第二十五条 计划生育

国家推行计划生育,使人口的增长同经济和社会发展计划相适应。

◉ 关联法规

《人口与计划生育法》

第二十六条 环境保护

国家保护和改善生活环境和生态环境,防治污染和其他公害。

国家组织和鼓励植树造林,保护林木。

◉ 条文注释

本条是关于环境保护的规定。环境是人类赖以生存和发展的基础。环境保护就是运用现代环境科学理论和方法、技术,采取行政的、法律的、经济的、科学技术等多方面措施,合理开发利用自然资源,防止和治理环境污染和破坏,综合整治环境,保护人体健康,促进社会经济与环境协调持续发展。《宪法》作为国家的根本法,在总纲部分对环境保护问题作了规定,将环境保护上升到《宪法》保障的高度,体现了国家和政府对人类赖以生存和发展的环境的重视,以及国家在环境保护方面的政策倾向。

党的二十大报告指出,要深入推进环境污染防治。坚持精准治污、科学治污、依法治污,持续深入打好蓝天、碧水、净土保卫战。统筹水资源、水环境、水生态治理,推动重要江河湖库生态保护治理,基本消除城市黑臭水体。加强土壤污染源头防控,开展新污染物治理。提升环境基础设施建设水平,推进城乡人居环境整治。全面实行排污许可制,健全现代环境治理体系。严密防控环境风险。深入推进中央生态环境保护督察。以国家重点生态功能区、生态保护红线、自然保护地等为重点,加快实施重要生态系统保护和修复重大工程。推进以国家公园为主体的自然保护地体系建设。建立生态产品价值实现机制,完善生态保护补偿制度。

◉ 关联法规

《森林法》;《草原法》;《水法》;《环境保护法》;《海洋环境保护法》;《水污染防治法》;《大气污染防治法》;《放射性污染防治法》;《防沙治沙法》;《固体废物污染环境防治法》;《噪声污染防治法》;《水土保持法》;《环境影响评价法》

第二十七条 国家机关的工作原则

一切国家机关实行精简的原则,实行工作责任制,实行工作人员的培训和考核制度,不断提高工作质量和工作效率,反对官僚主义。

一切国家机关和国家工作人员必须依靠人民的支持,经常保持同人民的密切联系,倾听人民的意见和建议,接受人民的监督,努力为人民服务。

国家工作人员就职时应当依照法律规定公开进行宪法宣誓。

◉ 立法沿革

2018 年《宪法修正案》(第 40 条)增加了本条第 3 款的内容。

◉ **关联法规**

《公务员法》;《全国人民代表大会常务委员会关于实行宪法宣誓制度的决定》

第二十八条 维护社会秩序

国家维护社会秩序,镇压叛国和其他危害国家安全的犯罪活动,制裁危害社会治安、破坏社会主义经济和其他犯罪的活动,惩办和改造犯罪分子。

◉ **立法沿革**

1982年《宪法》本条的内容是:"国家维护社会秩序,镇压叛国和其他反革命的活动,制裁危害社会治安、破坏社会主义经济和其他犯罪的活动,惩办和改造犯罪分子。"

1999年《宪法修正案》(第17条)对本条进行了修改。

◉ **关联法规**

《刑法》;《治安管理处罚法》;《反分裂国家法》;《香港特别行政区维护国家安全法》

第二十九条 武装力量

中华人民共和国的武装力量属于人民。它的任务是巩固国防,抵抗侵略,保卫祖国,保卫人民的和平劳动,参加国家建设事业,努力为人民服务。

国家加强武装力量的革命化、现代化、正规化的建设,增强国防力量。

◉ **关联法规**

《国防法》;《国防教育法》;《国防动员法》;《国防交通法》

第三十条　行政区划

中华人民共和国的行政区域划分如下：

(一)全国分为省、自治区、直辖市；

(二)省、自治区分为自治州、县、自治县、市；

(三)县、自治县分为乡、民族乡、镇。

直辖市和较大的市分为区、县。自治州分为县、自治县、市。

自治区、自治州、自治县都是民族自治地方。

第三十一条　特别行政区

国家在必要时得设立特别行政区。在特别行政区内实行的制度按照具体情况由全国人民代表大会以法律规定。

◉ 条文注释

本条是关于设立特别行政区的规定。特别行政区是指在我国的版图内，根据我国宪法和法律规定设立的，具有特殊的法律地位，实行特别的政治、经济制度的行政区域。特别行政区和一般行政区一样，是中华人民共和国不可分割的一部分，其具有以下几方面的特征：(1)特别行政区享有高度的自治权，包括行政管理权、立法权、独立的司法权和终审权以及自行处理有关对外事务的权利；(2)特别行政区保持原有资本主义制度和生活方式50年不变；(3)特别行政区原有的法律基本不变。

党的二十大报告指出，"一国两制"是中国特色社会主义的伟大创举，是香港、澳门回归后保持长期繁荣稳定的最佳制度安排，必须长期坚持。全面准确、坚定不移贯彻"一国两制"、"港人治港"、"澳人治澳"、高度自治的方针，坚持依法治港治澳，维护宪法和基本法确定的特别行政区宪制秩序。坚持和完善"一国两制"制度体系，落实中央全面管治权,落实“爱国者治港”、“爱国者治澳”原则,落实特别行政区维护国家安全的法律制度和执行机制。坚持中央全面管治权和保障特别行政区高度自治权相统一,坚持行政主导,支持行政长官和特别行政区政府依法施政,提升全面治理能力和管治水平,完善特别行政区司法制度和法律体系,保持香港、澳门资本主义制度和生活方式长期不变,促进香港、澳门长期繁荣稳定。

◉ 关联法规

《香港特别行政区基本法》;《澳门特别行政区基本法》

第三十二条 对外国人的保护

中华人民共和国保护在中国境内的外国人的合法权利和利益,在中国境内的外国人必须遵守中华人民共和国的法律。

中华人民共和国对于因为政治原因要求避难的外国人,可以给予受庇护的权利。

◉ 关联法规

《外交特权与豁免条例》;《领事特权与豁免条例》

第二章 公民的基本权利和义务

第三十三条 公民平等权

凡具有中华人民共和国国籍的人都是中华人民共和国公民。

中华人民共和国公民在法律面前一律平等。

国家尊重和保障人权。

任何公民享有宪法和法律规定的权利,同时必须履行宪法和法律规定的义务。

◉ 立法沿革

2004 年《宪法修正案》(第 24 条)在 1982 年《宪法》本条增加 1 款作为第 3 款:"国家尊重和保障人权。"原第 3 款相应地改为第 4 款。

◉ 条文注释

本条是关于公民平等权的规定。平等权是指公民依法平等地享有权利,不受任何差别对待,要求国家给予同等保护的权利。公民在法律面前一律平等是平等权的具体体现,其包括以下几方面含义:(1)任何公民不分民族、种族、性别、职业、家庭出身、宗教信仰、教育程度、财产状况、居住期限,都一律平等地享有宪法和法律规定的权利,也都平等地履行宪法和法律规定的义务;(2)在法律面前,任何组织和个人都不得有超越宪法和法律的特权;(3)任何人的合法权利都一律平等地受到保护,对违法行为也一律依法予以追究。公民在法律面前一律平等,既包括司法上的平等,即公民在适用法律上一律平等,也包括公民在守法上一律平等。

◉ 关联法规

《国籍法》

第三十四条　选举权

中华人民共和国年满十八周岁的公民,不分民族、种族、性别、职业、家庭出身、宗教信仰、教育程度、财产状况、居住期限,都有选举权和被选举权;但是依照法律被剥夺政治权利的人除外。

◉ 条文注释

本条是关于公民平等享有选举权和被选举权的规定。选举权是指公民依照选举法律的规定,按照自己的意愿选举县乡两级人民代表大会代表的权利。被选举权是指公民依法享有被选举为县乡两级人民代表大会代表的权利。选举权和被选举权通常被合称为选举权,是我国公民参与管理国家事务的重要途径。

公民享有选举权和被选举权必须具备以下几个条件:(1)国籍条件——中华人民共和国公民。(2)年龄条件——年满18周岁的中华人民共和国公民。(3)政治条件——未被剥夺政治权利。只要满足以上三个条件,公民不分民族、种族、性别、职业、家庭出身、宗教信仰、教育程度、财产状况、居住期限,平等地享有选举权和被选举权。被剥夺政治权利,是指剥夺公民参加国家管理的各项政治权利。根据《刑法》第54条的规定,剥夺政治权利包括以下几方面的内容:(1)选举权和被选举权;(2)言论、出版、集会、结社、游行、示威自由的权利;(3)担任国家机关职务的权利;(4)担任国有公司、企业、事业单位和人民团体领导职务的权利。

◉ 关联法规

《全国人民代表大会和地方各级人民代表大会选举法》

第三十五条　表达自由

中华人民共和国公民有言论、出版、集会、结社、游行、示威的自由。

◉ 条文注释

本条是关于公民表达自由的规定。公民表达自由是公民表达个人见解和意愿,参与正常社会活动和国家管理的一项基本权利。表达自由包括:(1)言论自由,即公民有权通过各种语言形式,针对政治和社会中的各种问题表达其思想和见解的自由;(2)出版自由,即公民可以通过公开出版物的形式,自由地表达自己对国家事务、经济和文化事务、社会事务的见解和看法的自由;(3)结社自由,即有共同意愿和利益的公民,为了一定宗旨而依法定程序组成具有持续性的社会团体的自由;(4)集会、游行、示威自由,其是公民通过集会、游行、示威的方式在公共场所表达强烈意愿的自由，是言论自由的延伸和具体化。为了更好地保障公民正确行使集会、游行、示威的权利，维护社会的安定团结，七届全国人大常委会第十次会议通过了《集会游行示威法》。

◉ 关联法规

《集会游行示威法》；《治安管理处罚法》第54、55条；《刑法》第296～299条

第三十六条　宗教信仰自由

中华人民共和国公民有宗教信仰自由。

任何国家机关、社会团体和个人不得强制公民信仰宗教或者不信仰宗教，不得歧视信仰宗教的公民和不信仰宗教的公民。

国家保护正常的宗教活动。任何人不得利用宗教进行破坏社会秩序、损害公民身体健康、妨碍国家教育制度的活动。

宗教团体和宗教事务不受外国势力的支配。

◉ 条文注释

本条是关于公民宗教信仰自由的规定。宗教信仰自由是宗教自由的重要组成部分，是指公民依据内心的信念，自愿地信仰宗教的自由。具体包括以下内容：公民有信仰宗教的自由和不信仰宗教的自由；有信仰这种宗教的自由，也有信仰那种宗教的自由；在同一宗教中，有信仰这个教派的自由，也有信仰那个教派的自由；有过去信教而现在不信教的自由，也有过去不信教而现在信教的自由。一方面，公民享有宪法和法律赋予的宗教信仰自由；但另一方面则必须承担宪法和法律规定的有关义务，即"任何人不得利用宗教进行破坏社会秩序、损害公民身体健康、妨碍国家教育制度的活动"。否则，宗教信

仰自由就失去了其合法性的基础。同时,宗教活动不得干预政治和教育。

◉ 关联法规

《刑法》第251、300条;《宗教事务条例》;《境内外国人宗教活动管理规定》

第三十七条　人身自由

中华人民共和国公民的人身自由不受侵犯。

任何公民,非经人民检察院批准或者决定或者人民法院决定,并由公安机关执行,不受逮捕。

禁止非法拘禁和以其他方法非法剥夺或者限制公民的人身自由,禁止非法搜查公民的身体。

◉ 条文注释

本条是关于公民人身自由的规定。公民的人身自由是指公民的肉体和精神不受非法侵犯,即不受非法限制、搜查、拘留和逮捕。人身自由是公民参加政治、经济和社会生活,享受宪法和法律赋予的各项权利的基本前提,是公民基本的权利。公民的人身自由不受非法侵犯,只有国家在必要时,才可以依法采取搜查、拘留、逮捕等措施,限制甚至剥夺特定公民的人身自由,但是这些搜查、拘留和逮捕等措施也必须严格遵循《刑法》《刑事诉讼法》《治安管理处罚法》等法律所规定的条件和程序。对于违法逮捕、拘留和搜查公民的责任人,应当由人民检察院进行追究;如果这种违法行为是出于陷害、报复或其他个人目的并构成犯罪的,还应追究相应的刑事责任。

◉ 关联法规

《刑法》第238、245条;《治安管理处罚法》第87、92条;《刑事诉讼法》第138、139条

第三十八条　人格尊严

中华人民共和国公民的人格尊严不受侵犯。禁止用任何方法对公民进行侮辱、诽谤和诬告陷害。

◉ 条文注释

本条是关于公民人格尊严的宪法保障的规定。根据本条规定：(1)人格尊严是《宪法》规定的公民的基本权利，是指公民作为平等的人的资格和权利应该受到国家的承认和尊重，包括与人身密切联系的名誉、姓名、肖像等不容侵犯的权利。人格尊严是人格权的核心，人格尊严的法律表现即为公民的人格权。(2)公民的人格尊严不受侮辱，即不得利用暴力或者其他方法公然贬低他人的人格，破坏他人的名誉。(3)不得诽谤他人，即不得捏造虚构的事实，损害他人的人格。(4)不得对他人进行诬告陷害，即不得为了达到陷害他人的目的，通过捏造虚构的事实，向有关机关或单位虚假告发。《刑法》《民法典》《治安管理处罚法》等法律，对公民的人格尊严不受侵犯的原则分别作了具体的、便于实施的规定，从而使公民的这一基本权利有了法律的实际保障。

◉ 关联法规

《民法典》第4编；《治安管理处罚法》第42条；《刑法》第243、246条

第三十九条　住宅权

中华人民共和国公民的住宅不受侵犯。禁止非法搜查或者非法侵入公民的住宅。

◉ 条文注释

本条是关于公民住宅权的规定。住宅是公民生活、学习的处所，住宅是否受到保障直接关系到公民其他权利的实现。住宅权是指公民居住、生活的场所未经法律许可或未经户主等居住者同意不受非法侵入和搜查。住宅权是对公民私生活的空间保护，其范围应不仅仅限于公民生活用的住宅，工作场所也应属于广义上的住宅的概念。本条对非法搜查或者非法侵入住宅的行为作出了禁止性规定，为住宅权的保障提供了宪法依据。同时《刑法》第245条第1款也规定："非法搜查他人身体、住宅，或者非法侵入他人住宅的，处三年以下有期徒刑或者拘役。"这使公民的住宅权有了法律保障。

◉ 关联法规

《治安管理处罚法》第40条；《刑事诉讼法》第136～140条

第四十条 通信自由

中华人民共和国公民的通信自由和通信秘密受法律的保护。除因国家安全或者追查刑事犯罪的需要，由公安机关或者检察机关依照法律规定的程序对通信进行检查外，任何组织或者个人不得以任何理由侵犯公民的通信自由和通信秘密。

◉ 条文注释

本条是关于对公民通信自由权的保障的规定。通信自由是指公民通过信件、电报、电话、传真等手段，根据自己的意愿自由进行通信，他人不得非法扣押、隐匿、私自拆阅或者窃听的自由。通信自由权既体现国家对个人隐私的保护，同时也是公民实现言论自由和思想自由的重要形式。

◉ 关联法规

《刑法》第252、253条；《治安管理处罚法》第48条；《邮政法》第3条

第四十一条　公民的监督权及国家赔偿请求权

中华人民共和国公民对于任何国家机关和国家工作人员，有提出批评和建议的权利；对于任何国家机关和国家工作人员的违法失职行为，有向有关国家机关提出申诉、控告或者检举的权利，但是不得捏造或者歪曲事实进行诬告陷害。

对于公民的申诉、控告或者检举，有关国家机关必须查清事实，负责处理。任何人不得压制和打击报复。

由于国家机关和国家工作人员侵犯公民权利而受到损失的人，有依照法律规定取得赔偿的权利。

◉ 条文注释

本条是关于公民监督权和国家赔偿请求权的规定。监督权，是指宪法赋予公民监督国家机关及其工作人员活动的权利，是公民作为国家管理活动的相对方对抗国家机关及其工作人员违法失职行为的权利。根据本条第1款的规定，监督权包括以下内容：(1)批评、建议权；(2)控告、检举权；(3)申诉权。同时，为了保障公民监督权的有效行使，本条第2款规定了监督权的宪法保障措施，即对于公民的申诉、控告或者检举，有关国家机关负有查清事实进行处理的义务，这一宪法上的保障还通过《刑法》和其他法律加以具体化，从而使公民的监督权有了切实的法律保障。

本条第3款规定了公民的国家赔偿请求权，即公民在因国家机关及其工作人员的侵权行为而受到损失时，享有依法要求国家负责赔偿的权利。1989年4月，七届全国人大二次会议通过的《行政诉讼法》规定了行政赔偿的原则和制度；1994年5月，八届全国人大常委

会第七次会议通过的《国家赔偿法》,使公民的这一宪法权利得到了切实的法律保障。

第四十二条　劳动权

中华人民共和国公民有劳动的权利和义务。

国家通过各种途径,创造劳动就业条件,加强劳动保护,改善劳动条件,并在发展生产的基础上,提高劳动报酬和福利待遇。

劳动是一切有劳动能力的公民的光荣职责。国有企业和城乡集体经济组织的劳动者都应当以国家主人翁的态度对待自己的劳动。国家提倡社会主义劳动竞赛,奖励劳动模范和先进工作者。国家提倡公民从事义务劳动。

国家对就业前的公民进行必要的劳动就业训练。

◉ 立法沿革

1982 年《宪法》本条第 3 款的内容是:“劳动是一切有劳动能力的公民的光荣职责。国营企业和城乡集体经济组织的劳动者都应当以国家主人翁的态度对待自己的劳动。国家提倡社会主义劳动竞赛,奖励劳动模范和先进工作者。国家提倡公民从事义务劳动。”

1993 年《宪法修正案》(第 10 条)对本条第 3 款进行了修改。

◉ 条文注释

本条是关于公民劳动权的规定。党的二十大报告指出,就业是最基本的民生。强化就业优先政策,健全就业促进机制,促进高质量充分就业。健全就业公共服务体系,完善重点群体就业支持体系,加强困难群体就业兜底帮扶。统筹城乡就业政策体系,破除妨碍劳动力、人才流动的体制和政策弊端,消除影响平等就业的不合理限制和就业歧视,使人人都有通过勤奋劳动实现自身发展的机会。健全终身职业技能培训制度,推动解决结构性就业矛盾。完善促进创业带动就业的保障制度，支持和规范发展新就业形态。健全劳动法律法规，完善劳动关系协商协调机制，完善劳动者权益保障制度，加强灵活就业和新就业形态劳动者权益保障。

◉ **关联法规**

《劳动法》；《劳动合同法》；《就业促进法》

第四十三条　劳动者的休息权

中华人民共和国劳动者有休息的权利。

国家发展劳动者休息和休养的设施，规定职工的工作时间和休假制度。

◉ **关联法规**

《劳动法》第 36～45 条；《职工带薪年休假条例》；《国务院关于职工工作时间的规定》

第四十四条　退休制度

国家依照法律规定实行企业事业组织的职工和国家机关工作人员的退休制度。退休人员的生活受到国家和社会的保障。

◉ **关联法规**

《国务院关于工人退休、退职的暂行办法》；《全国人民代表大会常务委员会关于实施渐进式延迟法定退休年龄的决定》

第四十五条　社会保障权利

中华人民共和国公民在年老、疾病或者丧失劳动能力的情况下，有从国家和社会获得物质帮助的权利。国家发展为公民享受这些权利所需要的社会保险、社会救济和医疗卫生事业。

国家和社会保障残废军人的生活,抚恤烈士家属,优待军人家属。

国家和社会帮助安排盲、聋、哑和其他有残疾的公民的劳动、生活和教育。

◉ 条文注释

本条是关于公民社会保障权利的规定。党的二十大报告指出,社会保障体系是人民生活的安全网和社会运行的稳定器。健全覆盖全民、统筹城乡、公平统一、安全规范、可持续的多层次社会保障体系。完善基本养老保险全国统筹制度,发展多层次、多支柱养老保险体系。实施渐进式延迟法定退休年龄。扩大社会保险覆盖面,健全基本养老、基本医疗保险筹资和待遇调整机制,推动基本医疗保险、失业保险、工伤保险省级统筹。促进多层次医疗保障有序衔接,完善大病保险和医疗救助制度,落实异地就医结算,建立长期护理保险制度,积极发展商业医疗保险。加快完善全国统一的社会保险公共服务平台。健全社保基金保值增值和安全监管体系。健全分层分类的社会救助体系。坚持男女平等基本国策,保障妇女儿童合法权益。完善残疾人社会保障制度和关爱服务体系,促进残疾人事业全面发展。

◉ 关联法规

《军人地位和权益保障法》;《残疾人保障法》;《老年人权益保障法》;《社会保险法》;《失业保险条例》;《工伤保险条例》;《社会救助暂行办法》

第四十六条　受教育权

中华人民共和国公民有受教育的权利和义务。

国家培养青年、少年、儿童在品德、智力、体质等方面全面发展。

◉ **条文注释**

本条是关于公民受教育权的规定。受教育权是公民接受文化、科学等方面教育训练的权利,包括公民按照其能力平等地享有受教育的权利和要求国家提供教育机会的权利。公民的受教育权是公民生存和社会发展的基础,国家必须为公民接受教育创造必要的条件并提供必要的物质帮助。为了保障公民受教育权的实现,全国人大常委会通过了《教育法》《义务教育法》《高等教育法》《职业教育法》等一系列法律。同时受教育也是公民的宪法义务,即在法律规定的公民义务教育阶段,适龄子女应主动完成义务教育,家长或监护人应保证适龄子女或被监护人完成义务教育。否则,国家和政府可以采取一定的强制措施迫使其接受和完成义务教育。

第四十七条　学术自由权

中华人民共和国公民有进行科学研究、文学艺术创作和其他文化活动的自由。国家对于从事教育、科学、技术、文学、艺术和其他文化事业的公民的有益于人民的创造性工作,给以鼓励和帮助。

◉ **关联法规**

《科学技术进步法》

第四十八条　男女平等权

中华人民共和国妇女在政治的、经济的、文化的、社会的和家庭的生活等各方面享有同男子平等的权利。

国家保护妇女的权利和利益,实行男女同工同酬,培养和选拔妇女干部。

◉ **关联法规**

《妇女权益保障法》

第四十九条 婚姻家庭制度

婚姻、家庭、母亲和儿童受国家的保护。

夫妻双方有实行计划生育的义务。

父母有抚养教育未成年子女的义务,成年子女有赡养扶助父母的义务。

禁止破坏婚姻自由,禁止虐待老人、妇女和儿童。

◉ **关联法规**

《民法典》第5编;《刑法》第240～242、257、260～262条;《人口与计划生育法》;《治安管理处罚法》第45条;《老年人权益保障法》;《妇女权益保障法》;《未成年人保护法》;《反家庭暴力法》

第五十条 华侨、归侨的权益保障

中华人民共和国保护华侨的正当的权利和利益,保护归侨和侨眷的合法的权利和利益。

◉ **关联法规**

《归侨侨眷权益保护法》

第五十一条 行使自由和权利的限制

中华人民共和国公民在行使自由和权利的时候,不得损害国家的、社会的、集体的利益和其他公民的合法的自由和权利。

第五十二条 维护国家统一和民族团结的义务

中华人民共和国公民有维护国家统一和全国各民族团结的义务。

◉ **关联法规**

《反分裂国家法》

第五十三条 遵纪守法的义务

中华人民共和国公民必须遵守宪法和法律,保守国家秘密,爱护公共财产,遵守劳动纪律,遵守公共秩序,尊重社会公德。

◉ **关联法规**

《保守国家秘密法》;《保守国家秘密法实施条例》

第五十四条 维护国家的安全、荣誉和利益的义务

中华人民共和国公民有维护祖国的安全、荣誉和利益的义务,不得有危害祖国的安全、荣誉和利益的行为。

◉ **条文注释**

国家安全是指国家政权、主权、统一和领土完整、人民福祉、经济社会可持续发展和国家其他重大利益相对处于没有危险和不受内外威胁的状态,以及保障持续安全状态的能力。根据《国家安全法》第11条第1款的规定,中华人民共和国公民、一切国家机关和武装力量、各政党和各人民团体、企业事业组织和其他社会组织,都有维护国家安全的责任和义务。公民和组织应当履行下列维护国家安全的义务:(1)遵守宪法、法律法规关于国家安全的有关规定;(2)及时报告

危害国家安全活动的线索;(3)如实提供所知悉的涉及危害国家安全活动的证据;(4)为国家安全工作提供便利条件或者其他协助;(5)向国家安全机关、公安机关和有关军事机关提供必要的支持和协助;(6)保守所知悉的国家秘密;(7)法律、行政法规规定的其他义务。任何个人和组织不得有危害国家安全的行为,不得向危害国家安全的个人或者组织提供任何资助或者协助。

党的二十大报告指出,国家安全是民族复兴的根基,社会稳定是国家强盛的前提。必须坚定不移贯彻总体国家安全观,把维护国家安全贯穿党和国家工作各方面全过程,确保国家安全和社会稳定。我们要坚持以人民安全为宗旨、以政治安全为根本、以经济安全为基础、以军事科技文化社会安全为保障、以促进国际安全为依托,统筹外部安全和内部安全、国土安全和国民安全、传统安全和非传统安全、自身安全和共同安全,统筹维护和塑造国家安全,夯实国家安全和社会稳定基层基础,完善参与全球安全治理机制,建设更高水平的平安中国,以新安全格局保障新发展格局。

◉ **关联法规**

《国家安全法》;《反恐怖主义法》;《网络安全法》;《国家情报法》

第五十五条 保卫国家和服兵役的义务

保卫祖国、抵抗侵略是中华人民共和国每一个公民的神圣职责。

依照法律服兵役和参加民兵组织是中华人民共和国公民的光荣义务。

◉ **关联法规**

《兵役法》;《民兵工作条例》

第五十六条　依法纳税的义务

中华人民共和国公民有依照法律纳税的义务。

◉ **关联法规**

《个人所得税法》;《企业所得税法》;《税收征收管理法》

第三章　国家机构

第一节　全国人民代表大会

第五十七条　全国人大的性质及其常设机关

中华人民共和国全国人民代表大会是最高国家权力机关。它的常设机关是全国人民代表大会常务委员会。

◉ **条文注释**

本条是关于全国人民代表大会的性质及其常设机关的规定。全国人民代表大会是由人民代表组成的,代表着全国人民的意志和利益。因此,本条规定"全国人民代表大会是最高国家权力机关",亦即全国人民代表大会是全国人民行使权力的最高机关。一方面,全国人民代表大会在国家权力体系中处于最高层,具有最高性,其他国家机关都要服从它;另一方面,全国人民代表大会与地方人民代表大会构成了我国的国家权力机关系统,"国家行政机关、监察机关、审判机关、检察机关都由人民代表大会产生,对它负责,受它监督"。同时,为了保证在全国人民代表大会闭会期间能够持续开展工作和活动,本条规定全国人民代表大会常设机关即全国人民代表大会常务委员会,其不是一个独立的国家机关,而是全国人民代表大会的一部分,在全国人民代表大会闭会期间代行全国人民代表大会的职责。

◉ **关联法规**

《全国人民代表大会组织法》第2条

第五十八条　国家立法权的行使主体

全国人民代表大会和全国人民代表大会常务委员会行使国家立法权。

◉ **条文注释**

法律是全国人民统一意志的表现,是所有公民和组织必须遵守的行为准则。鉴于法律的统一与尊严,本条规定,国家立法权应由全国人民代表大会及其常务委员会行使。2000年3月15日,九届全国人大三次会议通过了《立法法》,对全国人民代表大会及其常务委员会的立法权限和立法程序进行了详细的规定。根据2023年修改后的《立法法》第10条中的规定,全国人民代表大会制定和修改刑事、民事、国家机构的和其他的基本法律。全国人民代表大会常务委员会制定和修改除应当由全国人民代表大会制定的法律以外的其他法律;在全国人民代表大会闭会期间,对全国人民代表大会制定的法律进行部分补充和修改,但是不得同该法律的基本原则相抵触。全国人民代表大会可以授权全国人民代表大会常务委员会制定相关法律。

第五十九条　全国人大的组成及代表的选举

全国人民代表大会由省、自治区、直辖市、特别行政区和军队选出的代表组成。各少数民族都应当有适当名额的代表。

全国人民代表大会代表的选举由全国人民代表大会常务委员会主持。

全国人民代表大会代表名额和代表产生办法由法律规定。

◉ 立法沿革

1982年《宪法》本条第1款的内容是："全国人民代表大会由省、自治区、直辖市和军队选出的代表组成。各少数民族都应当有适当名额的代表。"

2004年《宪法修正案》(第25条)对本条第1款进行了修改。

◉ 关联法规

《全国人民代表大会和地方各级人民代表大会选举法》第16～18条

第六十条 全国人大的任期及其代表选举

全国人民代表大会每届任期五年。

全国人民代表大会任期届满的两个月以前，全国人民代表大会常务委员会必须完成下届全国人民代表大会代表的选举。如果遇到不能进行选举的非常情况，由全国人民代表大会常务委员会以全体组成人员的三分之二以上的多数通过，可以推迟选举，延长本届全国人民代表大会的任期。在非常情况结束后一年内，必须完成下届全国人民代表大会代表的选举。

◉ 条文注释

本条是关于全国人民代表大会任期及其代表选举的规定。全国人民代表大会是最高国家权力机关，对最高国家行政机关、监察机关、审判机关、检察机关行使监督权。但这并不意味着全国人民代表大会不受监督，全国人民代表大会要接受人民的监督，人民可以通过选举单位选举或罢免人大代表来进行监督。

为了便于全国人民代表大会按期换届，全国人大代表的选举必须提前完成。根据本条第2款的规定，全国人民代表大会任期届满的2个月以前,全国人民代表大会常务委员会必须完成下届全国人大代表的选举。在特定情况下,全国人民代表大会可延期换届,但必须满足两个条件:一是遇到非常情况,不能按时完成选举;二是经过全国人民代表大会常务委员会全体组成人员的2/3以上的多数通过。非常情况结束后1年内,必须完成下届全国人大代表的选举。

第六十一条 全国人大的会议制度

全国人民代表大会会议每年举行一次,由全国人民代表大会常务委员会召集。如果全国人民代表大会常务委员会认为必要,或者有五分之一以上的全国人民代表大会代表提议,可以临时召集全国人民代表大会会议。

全国人民代表大会举行会议的时候,选举主席团主持会议。

条文注释

本条是关于全国人民代表大会会议制度的规定。受人数规模限制,全国人民代表大会每年只举行一次会议,一般在每年3月初举行,会期不超过两个星期,会议主要审议讨论决定全国人民代表大会职权范围内的一些重要问题。因此,这次会议又被称为全国人大例会,由全国人民代表大会常务委员会召集。

例会之外,如遇到紧急的情况,全国人民代表大会可以召开临时会议。有权提议召集临时会议的,一是全国人民代表大会常务委员会,二是1/5以上全国人大代表提议。值得注意的是,无论是全国人大例会还是临时会议,均由选举出来的大会主席团主持。

关联法规

《全国人民代表大会组织法》第8~21条;《全国人民代表大会议事规则》第2~22条

第六十二条 全国人大的职权

全国人民代表大会行使下列职权：

（一）修改宪法；

（二）监督宪法的实施；

（三）制定和修改刑事、民事、国家机构的和其他的基本法律；

（四）选举中华人民共和国主席、副主席；

（五）根据中华人民共和国主席的提名，决定国务院总理的人选；根据国务院总理的提名，决定国务院副总理、国务委员、各部部长、各委员会主任、审计长、秘书长的人选；

（六）选举中央军事委员会主席；根据中央军事委员会主席的提名，决定中央军事委员会其他组成人员的人选；

（七）选举国家监察委员会主任；

（八）选举最高人民法院院长；

（九）选举最高人民检察院检察长；

（十）审查和批准国民经济和社会发展计划和计划执行情况的报告；

（十一）审查和批准国家的预算和预算执行情况的报告；

（十二）改变或者撤销全国人民代表大会常务委员会不适当的决定；

（十三）批准省、自治区和直辖市的建置；

（十四）决定特别行政区的设立及其制度；

（十五）决定战争和和平的问题；

（十六）应当由最高国家权力机关行使的其他职权。

◉ 立法沿革

2018 年《宪法修正案》（第 41 条）在 1982 年《宪法》本条中增加

一项,作为第7项“(七)选举国家监察委员会主任”,原第7~15项相应改为第8~16项。

第六十三条 全国人大的罢免权

全国人民代表大会有权罢免下列人员:

(一)中华人民共和国主席、副主席;

(二)国务院总理、副总理、国务委员、各部部长、各委员会主任、审计长、秘书长;

(三)中央军事委员会主席和中央军事委员会其他组成人员;

(四)国家监察委员会主任;

(五)最高人民法院院长;

(六)最高人民检察院检察长。

◉ 立法沿革

2018年《宪法修正案》(第42条)在1982年《宪法》本条中增加一项,作为第4项“(四)国家监察委员会主任”,原第4项、第5项相应改为第5项、第6项。

◉ 关联法规

《全国人民代表大会组织法》第20条;《全国人民代表大会议事规则》第44条

第六十四条 宪法修改的程序与法律案的通过

宪法的修改,由全国人民代表大会常务委员会或者五分之一以上的全国人民代表大会代表提议,并由全国人民代表大会以全体代表的三分之二以上的多数通过。

法律和其他议案由全国人民代表大会以全体代表的过半数通过。

◉ **关联法规**

《立法法》第 27 条

第六十五条 全国人大常委会的组成及组成原则

全国人民代表大会常务委员会由下列人员组成：

委员长，

副委员长若干人，

秘书长，

委员若干人。

全国人民代表大会常务委员会组成人员中，应当有适当名额的少数民族代表。

全国人民代表大会选举并有权罢免全国人民代表大会常务委员会的组成人员。

全国人民代表大会常务委员会的组成人员不得担任国家行政机关、监察机关、审判机关和检察机关的职务。

◉ **立法沿革**

1982 年《宪法》本条第 4 款的内容是："全国人民代表大会常务委员会的组成人员不得担任国家行政机关、审判机关和检察机关的职务。"

2018 年《宪法修正案》(第 43 条)对本条第 4 款进行了修改。

第六十六条 全国人大常委会的任期

全国人民代表大会常务委员会每届任期同全国人民代表大会每届任期相同,它行使职权到下届全国人民代表大会选出新的常务委员会为止。

委员长、副委员长连续任职不得超过两届。

第六十七条 全国人大常委会的职权

全国人民代表大会常务委员会行使下列职权:

(一)解释宪法,监督宪法的实施;

(二)制定和修改除应当由全国人民代表大会制定的法律以外的其他法律;

(三)在全国人民代表大会闭会期间,对全国人民代表大会制定的法律进行部分补充和修改,但是不得同该法律的基本原则相抵触;

(四)解释法律;

(五)在全国人民代表大会闭会期间,审查和批准国民经济和社会发展计划、国家预算在执行过程中所必须作的部分调整方案;

(六)监督国务院、中央军事委员会、国家监察委员会、最高人民法院和最高人民检察院的工作;

(七)撤销国务院制定的同宪法、法律相抵触的行政法规、决定和命令;

(八)撤销省、自治区、直辖市国家权力机关制定的同宪法、法律和行政法规相抵触的地方性法规和决议;

(九)在全国人民代表大会闭会期间,根据国务院总理的提名，决定部长、委员会主任、审计长、秘书长的人选；

（十）在全国人民代表大会闭会期间，根据中央军事委员会主席的提名，决定中央军事委员会其他组成人员的人选；

（十一）根据国家监察委员会主任的提请，任免国家监察委员会副主任、委员；

（十二）根据最高人民法院院长的提请，任免最高人民法院副院长、审判员、审判委员会委员和军事法院院长；

（十三）根据最高人民检察院检察长的提请，任免最高人民检察院副检察长、检察员、检察委员会委员和军事检察院检察长，并且批准省、自治区、直辖市的人民检察院检察长的任免；

（十四）决定驻外全权代表的任免；

（十五）决定同外国缔结的条约和重要协定的批准和废除；

（十六）规定军人和外交人员的衔级制度和其他专门衔级制度；

（十七）规定和决定授予国家的勋章和荣誉称号；

（十八）决定特赦；

（十九）在全国人民代表大会闭会期间，如果遇到国家遭受武装侵犯或者必须履行国际间共同防止侵略的条约的情况，决定战争状态的宣布；

（二十）决定全国总动员或者局部动员；

（二十一）决定全国或者个别省、自治区、直辖市进入紧急状态；

（二十二）全国人民代表大会授予的其他职权。

◉ 立法沿革

1982年《宪法》本条第6项的内容是"监督国务院、中央军事委员会、最高人民法院和最高人民检察院的工作";第20项的内容是"决定全国或者个别省、自治区、直辖市的戒严"。

2004年《宪法修正案》(第26条)对本条第20项进行了修改。

2018年《宪法修正案》(第44条第1款)对本条第6项进行了修改;增加一项,作为第11项"(十一)根据国家监察委员会主任的提请,任免国家监察委员会副主任、委员",原第11~21项相应改为第12~22项。

第六十八条　全国人大常委会委员长及委员长会议

全国人民代表大会常务委员会委员长主持全国人民代表大会常务委员会的工作,召集全国人民代表大会常务委员会会议。副委员长、秘书长协助委员长工作。

委员长、副委员长、秘书长组成委员长会议,处理全国人民代表大会常务委员会的重要日常工作。

◉ 关联法规

《全国人民代表大会组织法》第24、25条

第六十九条　全国人大与其常委会的关系

全国人民代表大会常务委员会对全国人民代表大会负责并报告工作。

◉ 条文注释

本条是关于全国人民代表大会与全国人民代表大会常务委员会关系的规定。全国人民代表大会常务委员会是全国人民代表大会的

常设机关,在全国人民代表大会闭会期间以全国人民代表大会的名义代行其职责。因此,全国人民代表大会常务委员会应该对全国人民代表大会负责,包括它的立法、作出的决议和决定、开展的监督工作等。负责就是要按照宪法和法律履行自己的职责,积极主动地开展工作,具体表现形式就是向全国人民代表大会报告工作。如果全国人民代表大会常务委员会制定的法律或作出的重大事项的决定与宪法和基本法律相抵触或不适当,全国人民代表大会有权对其进行撤销,同时全国人民代表大会还有权选举并罢免全国人民代表大会常务委员会的组成人员。

第七十条 全国人大的专门委员会及其职责

全国人民代表大会设立民族委员会、宪法和法律委员会、财政经济委员会、教育科学文化卫生委员会、外事委员会、华侨委员会和其他需要设立的专门委员会。在全国人民代表大会闭会期间,各专门委员会受全国人民代表大会常务委员会的领导。

各专门委员会在全国人民代表大会和全国人民代表大会常务委员会领导下,研究、审议和拟订有关议案。

◉ 立法沿革

2018年《宪法修正案》(第44条第2款)将1982年《宪法》本条第1款中的“法律委员会”修改为“宪法和法律委员会”。

第七十一条 特定问题调查委员会

全国人民代表大会和全国人民代表大会常务委员会认为必要的时候,可以组织关于特定问题的调查委员会,并且根据调查委员会的报告,作出相应的决议。

调查委员会进行调查的时候,一切有关的国家机关、社会团体和公民都有义务向它提供必要的材料。

◉ **条文注释**

结合本法第70条的规定,我国采用的是专门委员会和特定问题调查委员会并用的制度模式。一般性问题,原则上由专门委员会进行调查并提出报告;特定的重大问题,组织专门的调查委员会。就特定问题调查委员会的性质而言,其具有以下三个特点:(1)调查委员会是临时设立的机构,不是常设机构,调查结束后,调查委员会即自行解散;(2)调查委员会是一个工作性机构,而非有实体性权力的机构,对所调查问题无决定权;(3)调查委员会所要调查的问题是特定的,即有明确具体的要调查了解的问题。

◉ **关联法规**

《全国人民代表大会组织法》第41条

第七十二条 提案权

全国人民代表大会代表和全国人民代表大会常务委员会组成人员,有权依照法律规定的程序分别提出属于全国人民代表大会和全国人民代表大会常务委员会职权范围内的议案。

◉ **关联法规**

《立法法》第17~47条;《全国人民代表大会组织法》第16、17、29条

第七十三条　质询权

全国人民代表大会代表在全国人民代表大会开会期间，全国人民代表大会常务委员会组成人员在常务委员会开会期间，有权依照法律规定的程序提出对国务院或者国务院各部、各委员会的质询案。受质询的机关必须负责答复。

◉ 条文注释

本条是关于全国人大代表和全国人大常委会组成人员质询权的规定。质询权是人大代表了解政府工作，就国家机关工作中的问题提出质询，由有关机关或负责人答复，以使政府工作受到监督的权利。在全国人民代表大会会议期间，一个代表团或者30名以上代表联名，可以书面提出对国务院以及国务院各部门、国家监察委员会、最高人民法院、最高人民检察院的质询案。质询案必须写明质询对象、质询的问题和内容。质询案按照主席团的决定由受质询机关的负责人在主席团会议、有关的专门委员会会议或者有关的代表团会议上口头答复，或者由受质询机关书面答复。在主席团会议或者专门委员会会议上答复的，提质询案的代表团团长或者代表有权列席会议，发表意见。

◉ 关联法规

《全国人民代表大会组织法》第21、30条；《全国人民代表大会和地方各级人民代表大会代表法》第14条；《全国人民代表大会常务委员会议事规则》第39～42条

第七十四条　特别人身保护权

全国人民代表大会代表，非经全国人民代表大会会议主席团许可，在全国人民代表大会闭会期间非经全国人民代表大会常务委员会许可，不受逮捕或者刑事审判。

◉ **条文注释**

本条是关于全国人大代表的特别人身保护权的规定。为了保证人大代表能够有充分的自由行使最高国家权力机关的权力,《宪法》、《全国人民代表大会组织法》以及《全国人民代表大会和地方各级人民代表大会代表法》都对人民代表大会代表的人身自由设置了特别的保障措施:(1)需逮捕或者进行刑事审判的全国人大代表,在全国人民代表大会开会期间须经全国人民代表大会会议主席团许可,在全国人民代表大会闭会期间须经全国人民代表大会常务委员会许可,否则全国人大代表不受逮捕或者刑事审判;(2)全国人大代表如果因为是现行犯被拘留的,执行拘留的公安机关应当立即向全国人民代表大会会议主席团或者全国人民代表大会常务委员会报告。

◉ **关联法规**

《全国人民代表大会组织法》第 49 条;《全国人民代表大会和地方各级人民代表大会代表法》第 32 条

第七十五条 言论免责权

全国人民代表大会代表在全国人民代表大会各种会议上的发言和表决,不受法律追究。

◉ **条文注释**

本条是关于全国人大代表言论免责权的规定。为了保障人大代表在讨论、审议各项报告和议案时能充分表达自己的意见,在表决时根据人民的利益,结合自己的学识,独立地作出判断,《宪法》和《全国人民代表大会和地方各级人民代表大会代表法》规定全国人大代表在全国人民代表大会各种会议上的发言和表决免受法律追究。本条所指的"各种会议",包括大会全体会议、代表团全体会议、代表团小组会议。同时,全国人大代表列席原选举单位的人民代表大会各种会议上的发言,也不受法律追究。

◉ 关联法规

《全国人民代表大会和地方各级人民代表大会代表法》第31条

第七十六条 全国人大代表的义务

全国人民代表大会代表必须模范地遵守宪法和法律,保守国家秘密,并且在自己参加的生产、工作和社会活动中,协助宪法和法律的实施。

全国人民代表大会代表应当同原选举单位和人民保持密切的联系,听取和反映人民的意见和要求,努力为人民服务。

◉ 条文注释

全国人大代表是人民通过法定形式选举出来的,为了保障他们履行职务,宪法和法律赋予人大代表相应的权利,但同时也要求人大代表履行相应的义务。

一是模范地遵守宪法和法律,保守国家秘密。作为全国人大代表,必须以身作则,使自己的一言一行都符合宪法和法律的要求。

二是在自己参加的生产、工作和社会活动中,协助做好宪法和法律的实施工作。这项工作主要体现在以下三个方面:(1)宣传宪法和法律;(2)通过特定形式协助有关部门做好实施工作;(3)帮助纠正执法中的违法现象。代表通过接待群众的来信来访、视察调查,发现法律实施中暴露的问题,及时向有关部门反映,督促其改进。

三是同原选举单位和人民保持密切联系。全国人大代表是由各选举单位选举出来的,为确实保障人大代表反映并代表人民的意见和要求,人大代表必须同原选举单位保持密切联系。

第七十七条 对全国人大代表的监督和罢免

全国人民代表大会代表受原选举单位的监督。原选举单位有权依照法律规定的程序罢免本单位选出的代表。

◉ **关联法规**

《全国人民代表大会和地方各级人民代表大会选举法》第49、54条

第七十八条 全国人大及其常委会的组织和工作程序

全国人民代表大会和全国人民代表大会常务委员会的组织和工作程序由法律规定。

◉ **关联法规**

《全国人民代表大会组织法》;《全国人民代表大会议事规则》;《全国人民代表大会常务委员会议事规则》

第二节 中华人民共和国主席

第七十九条 国家主席、副主席的选举及任期

中华人民共和国主席、副主席由全国人民代表大会选举。

有选举权和被选举权的年满四十五周岁的中华人民共和国公民可以被选为中华人民共和国主席、副主席。

中华人民共和国主席、副主席每届任期同全国人民代表大会每届任期相同。

◉ 立法沿革

1982年《宪法》本条第3款的内容是："中华人民共和国主席、副主席每届任期同全国人民代表大会每届任期相同，连续任职不得超过两届。"

2018年《宪法修正案》（第45条）对本条第3款进行了修改。

◉ 条文注释

本条是关于国家主席、副主席的选举及任期的规定。当选中华人民共和国主席和副主席必须满足以下几个条件：（1）必须是中华人民共和国公民；（2）年满45周岁；（3）有选举权和被选举权。

中华人民共和国主席、副主席由全国人民代表大会经以下程序选举产生：（1）由全国人民代表大会主席团提名主席、副主席人选，并向会议介绍候选人的基本情况；（2）全国人民代表大会各代表团酝酿协商主席团提出的主席、副主席人选；（3）由全国人民代表大会主席团根据多数代表的意见，确定正式候选人名单，提交大会投票选举；（4）选举主席、副主席，选举采用无记名投票方式，得票过半数的当选，并即时公布。

国家主席、副主席每届任期同全国人民代表大会每届任期相同，国家主席、副主席行使职权到下届全国人民代表大会选出的主席、副主席就职为止。国家主席、副主席可以连选连任。

第八十条 国家主席对内事务的职权

中华人民共和国主席根据全国人民代表大会的决定和全国人民代表大会常务委员会的决定，公布法律，任免国务院总理、副总理、国务委员、各部部长、各委员会主任、审计长、秘书长，授予国家的勋章和荣誉称号，发布特赦令，宣布进入紧急状态，宣布战争状态，发布动员令。

◉ 立法沿革

2004年《宪法修正案》(第27条)将1982年《宪法》本条中的"发布戒严令"修改为"宣布进入紧急状态"。

◉ 条文注释

本条是关于国家主席在对内事务中的职权的规定。根据本条规定,国家主席在对内事务中行使如下职权:(1)公布法律权。法律案在全国人民代表大会或全国人民代表大会常务委员会通过后,由国家主席公布,使之成为法律。(2)任免权。国家主席有权向全国人民代表大会提出总理的人选;根据全国人民代表大会及其常务委员会的决定,任免国务院总理、副总理、国务委员、各部部长、各委员会主任、审计长、秘书长。(3)荣典权。国家主席根据全国人民代表大会及其常务委员会的决定,授予国家的勋章和荣誉称号。(4)发布命令权。国家主席根据全国人民代表大会及其常务委员会的决定,"发布特赦令,宣布进入紧急状态,宣布战争状态,发布动员令"。

第八十一条　国家主席的外交职权

中华人民共和国主席代表中华人民共和国,进行国事活动,接受外国使节;根据全国人民代表大会常务委员会的决定,派遣和召回驻外全权代表,批准和废除同外国缔结的条约和重要协定。

◉ 立法沿革

1982年《宪法》本条的内容是:"中华人民共和国主席代表中华人民共和国,接受外国使节;根据全国人民代表大会常务委员会的决定,派遣和召回驻外全权代表,批准和废除同外国缔结的条约和重要协定。"

2004年《宪法修正案》(第28条)对本条进行了修改。

第八十二条　国家副主席的职权

中华人民共和国副主席协助主席工作。

中华人民共和国副主席受主席的委托，可以代行主席的部分职权。

第八十三条　国家主席、副主席的任职期限

中华人民共和国主席、副主席行使职权到下届全国人民代表大会选出的主席、副主席就职为止。

第八十四条　国家主席、副主席缺位的继任顺序

中华人民共和国主席缺位的时候，由副主席继任主席的职位。

中华人民共和国副主席缺位的时候，由全国人民代表大会补选。

中华人民共和国主席、副主席都缺位的时候，由全国人民代表大会补选；在补选以前，由全国人民代表大会常务委员会委员长暂时代理主席职位。

第三节　国　务　院

第八十五条　国务院的性质、地位

中华人民共和国国务院，即中央人民政府，是最高国家权力机关的执行机关，是最高国家行政机关。

◉ 条文注释

本条是关于国务院性质和地位的规定。首先,在国务院与最高国家权力机关的关系上,国务院是最高国家权力机关的执行机关。在我国,国家的一切权力属于人民,人民行使国家权力的机关是全国人民代表大会和地方各级人民代表大会。全国人民代表大会作为国家的最高权力机关,国务院是由其组织产生的,因此,国务院必须对全国人民代表大会负责并报告工作,执行全国人民代表大会制定的法律和决议。其次,在国务院与其他行政机关的关系上,国务院处于各级行政机关的最高层,是最高国家行政机关。在全国各级行政机关中,国务院处于最高的领导地位,国务院所属的各部委和地方各级行政机关都要服从国务院的领导。

◉ 关联法规

《国务院组织法》;《国务院工作规则》

第八十六条　国务院的组织

国务院由下列人员组成:

总理,

副总理若干人,

国务委员若干人,

各部部长,

各委员会主任,

审计长,

秘书长。

国务院实行总理负责制。各部、各委员会实行部长、主任负责制。

国务院的组织由法律规定。

◉ **条文注释**

本条是关于国务院组织的规定。国务院实行总理负责制。总理负责制是指总理领导国务院的全部工作,并就国务院的全部工作情况向最高国家权力机关负责的制度,其主要表现在:(1)国务院总理有权向全国人民代表大会提名副总理、国务委员、各部部长、各委员会主任、审计长、秘书长的人选;(2)总理领导国务院工作,副总理和国务委员协助总理工作;(3)总理召集和主持国务院常务会议和国务院全体会议,并由总理在集体讨论的基础上集中与会者的意见,形成国务院的决定;(4)国务院颁布行政法规,规定行政措施,发布决定和命令,任免国家工作人员以及向全国人民代表大会或者向全国人民代表大会常务委员会提出议案,都需要总理签署。总理负责制是同国务院的集体作用结合在一起的,国务院中的重大问题,都必须经过国务院常务会议或国务院全体会议讨论决定。

第八十七条　国务院的任期

国务院每届任期同全国人民代表大会每届任期相同。

总理、副总理、国务委员连续任职不得超过两届。

第八十八条　国务院的基本工作制度和会议制度

总理领导国务院的工作。副总理、国务委员协助总理工作。

总理、副总理、国务委员、秘书长组成国务院常务会议。

总理召集和主持国务院常务会议和国务院全体会议。

◉ **条文注释**

本条是关于国务院的基本工作制度和会议制度的规定。根据本条规定,国务院会议主要分为国务院全体会议和国务院常务会议。

国务院全体会议由国务院全体成员组成,国务院常务会议由总理、副总理、国务委员、秘书长组成。将国务院的会议分为两类,主要是为了提高工作效率,方便讨论决定问题。

国务院全体会议和常务会议均由国务院总理召集和主持,即总理有权决定开会日期、议事内容和议事程序等事项。一般而言,国务院工作中的重大问题,必须经国务院常务会议或者国务院全体会议讨论决定。

第八十九条　国务院的职权

国务院行使下列职权:

(一)根据宪法和法律,规定行政措施,制定行政法规,发布决定和命令;

(二)向全国人民代表大会或者全国人民代表大会常务委员会提出议案;

(三)规定各部和各委员会的任务和职责,统一领导各部和各委员会的工作,并且领导不属于各部和各委员会的全国性的行政工作;

(四)统一领导全国地方各级国家行政机关的工作,规定中央和省、自治区、直辖市的国家行政机关的职权的具体划分;

(五)编制和执行国民经济和社会发展计划和国家预算;

(六)领导和管理经济工作和城乡建设、生态文明建设;

(七)领导和管理教育、科学、文化、卫生、体育和计划生育工作;

(八)领导和管理民政、公安、司法行政等工作;

(九)管理对外事务,同外国缔结条约和协定;

(十)领导和管理国防建设事业;

（十一）领导和管理民族事务，保障少数民族的平等权利和民族自治地方的自治权利；

（十二）保护华侨的正当的权利和利益，保护归侨和侨眷的合法的权利和利益；

（十三）改变或者撤销各部、各委员会发布的不适当的命令、指示和规章；

（十四）改变或者撤销地方各级国家行政机关的不适当的决定和命令；

（十五）批准省、自治区、直辖市的区域划分，批准自治州、县、自治县、市的建置和区域划分；

（十六）依照法律规定决定省、自治区、直辖市的范围内部分地区进入紧急状态；

（十七）审定行政机构的编制，依照法律规定任免、培训、考核和奖惩行政人员；

（十八）全国人民代表大会和全国人民代表大会常务委员会授予的其他职权。

◉ 立法沿革

1982 年《宪法》本条第 6 项的内容是“领导和管理经济工作和城乡建设”；第 8 项的内容是“领导和管理民政、公安、司法行政和监察等工作”；第 16 项的内容是“决定省、自治区、直辖市的范围内部分地区的戒严”。

2004 年《宪法修正案》（第 29 条）对本条第 16 项进行了修改。

2018 年《宪法修正案》（第 46 条）对本条第 6、8 项进行了修改。

◉ 关联法规

《立法法》第 72～79 条；《行政法规制定程序条例》

第九十条 各部、委的首长负责制及其职权

国务院各部部长、各委员会主任负责本部门的工作;召集和主持部务会议或者委员会会议、委务会议,讨论决定本部门工作的重大问题。

各部、各委员会根据法律和国务院的行政法规、决定、命令,在本部门的权限内,发布命令、指示和规章。

◉ 条文注释

本条是关于国务院各部、委的首长负责制及其职权的规定。

本条第1款规定了各部门行政首长负责制,即国务院各部、各委员会实行部长、委员会主任负责制,部长、主任领导本部门的工作。部门首长负责制意味着部门首长对部门的工作负全责,对国务院负责并报告工作,向国务院提出决策建议等。当然,首长负责制并不排斥民主讨论、集体优势。事实上,为了将个人负责和集体讨论结合起来,各部门设立相应的会议制度,讨论决策问题。

本条第2款是关于命令、指示、规章发布的规定,即国务院各部委在权限范围内,根据法律和国务院的行政法规、决定、命令,发布命令、指示和规章,规章的效力低于法律和行政法规。

◉ 关联法规

《规章制定程序条例》

第九十一条 审计机关及其职权

国务院设立审计机关,对国务院各部门和地方各级政府的财政收支,对国家的财政金融机构和企业事业组织的财务收支,进行审计监督。

审计机关在国务院总理领导下,依照法律规定独立行使审计监督权,不受其他行政机关、社会团体和个人的干涉。

◉ 条文注释

本条是关于审计机关及其职权的规定。审计机关是指对国家财政收支和财务活动进行审计监督的机关。根据本条第1款和《审计法》的规定,国务院设立审计署,在国务院总理的领导下,主管全国的审计工作;省、自治区、直辖市、设区的市、自治州、县、自治县、不设区的市、市辖区的人民政府设立审计机关,并分别在省长、自治区主席、市长、州长、县长、区长和上一级审计机关的领导下,负责本行政区域内的审计工作。审计机关审计的对象包括国务院各部门和地方各级政府及其部门的财政收支,国家的财政金融机构和企业事业组织的财务收支,以及其他应当接受审计的财政收支、财务收支。为保证审计机关有效行使监督职权,《宪法》和《审计法》规定,审计机关依照法律规定独立行使审计监督权,不受其他行政机关、社会团体和个人的干涉。

◉ 关联法规

《审计法》

第九十二条 国务院与全国人大及其常委会的关系

国务院对全国人民代表大会负责并报告工作;在全国人民代表大会闭会期间,对全国人民代表大会常务委员会负责并报告工作。

◉ 条文注释

本条是关于国务院与全国人民代表大会及其常务委员会的关系的规定。在我国,国家的一切权力属于人民。全国人民代表大会是全国人民行使国家权力的机关,是国家的最高权力机关,其他机关由它产生,受它监督,对它负责。全国人民代表大会的常设机关是全国人民代表大会常务委员会。根据人民代表大会制度和民主集中制的原则,国家权力是统一的,由国家权力机关统一行使。国务院作为最高国家行政机关,是最高国家权力机关的执行机关,应当也必须向最高权力机关负责,并受其监督。

第四节　中央军事委员会

第九十三条　中央军委的职责、组成与任期

中华人民共和国中央军事委员会领导全国武装力量。

中央军事委员会由下列人员组成:

主席,

副主席若干人,

委员若干人。

中央军事委员会实行主席负责制。

中央军事委员会每届任期同全国人民代表大会每届任期相同。

第九十四条　中央军委主席与全国人大及其常委会的关系

中央军事委员会主席对全国人民代表大会和全国人民代表大会常务委员会负责。

◉ 条文注释

本条是关于中央军事委员会主席与全国人民代表大会及其常务委员会的关系的规定。本条规定中央军事委员会主席对全国人民代表大会和全国人民代表大会常务委员会负责,具体表现在:(1)中央军事委员会主席由全国人民代表大会选举产生;全国人民代表大会根据中央军事委员会主席的提名,决定中央军事委员会其他组成人员的人选;(2)全国人民代表大会有权罢免中央军事委员会主席和其

他组成人员；(3)在全国人民代表大会闭会期间，全国人民代表大会常务委员会根据中央军事委员会主席的提名，决定中央军事委员会其他组成人员的人选。

第五节　地方各级人民代表大会和地方各级人民政府

第九十五条　地方人大及政府的设置和组织

省、直辖市、县、市、市辖区、乡、民族乡、镇设立人民代表大会和人民政府。

地方各级人民代表大会和地方各级人民政府的组织由法律规定。

自治区、自治州、自治县设立自治机关。自治机关的组织和工作根据宪法第三章第五节、第六节规定的基本原则由法律规定。

◉ **关联法规**

《地方各级人民代表大会和地方各级人民政府组织法》

第九十六条　地方人大的性质及其常委会的设置

地方各级人民代表大会是地方国家权力机关。

县级以上的地方各级人民代表大会设立常务委员会。

第九十七条 地方人大代表的选举

省、直辖市、设区的市的人民代表大会代表由下一级的人民代表大会选举；县、不设区的市、市辖区、乡、民族乡、镇的人民代表大会代表由选民直接选举。

地方各级人民代表大会代表名额和代表产生办法由法律规定。

◉ 关联法规

《全国人民代表大会和地方各级人民代表大会选举法》

第九十八条 地方人大的任期

地方各级人民代表大会每届任期五年。

◉ 立法沿革

1982 年《宪法》本条的内容为："省、直辖市、设区的市的人民代表大会每届任期五年。县、不设区的市、市辖区、乡、民族乡、镇的人民代表大会每届任期三年。"

1993 年《宪法修正案》(第 11 条)将本条修改为："省、直辖市、县、市、市辖区的人民代表大会每届任期五年。乡、民族乡、镇的人民代表大会每届任期三年。"

2004 年《宪法修正案》(第 30 条)对本条作了进一步修改。

第九十九条 地方人大的职权

地方各级人民代表大会在本行政区域内，保证宪法、法律、行政法规的遵守和执行；依照法律规定的权限，通过和发布决议，审查和决定地方的经济建设、文化建设和公共事业建设的计划。

县级以上的地方各级人民代表大会审查和批准本行政区域内的国民经济和社会发展计划、预算以及它们的执行情况的报告；有权改变或者撤销本级人民代表大会常务委员会不适当的决定。

民族乡的人民代表大会可以依照法律规定的权限采取适合民族特点的具体措施。

◉ **关联法规**

《地方各级人民代表大会和地方各级人民政府组织法》第11、12条

第一百条　省级人大及其常委会的立法权

省、直辖市的人民代表大会和它们的常务委员会，在不同宪法、法律、行政法规相抵触的前提下，可以制定地方性法规，报全国人民代表大会常务委员会备案。

设区的市的人民代表大会和它们的常务委员会，在不同宪法、法律、行政法规和本省、自治区的地方性法规相抵触的前提下，可以依照法律规定制定地方性法规，报本省、自治区人民代表大会常务委员会批准后施行。

◉ **立法沿革**

2018年《宪法修正案》（第47条）在本条中增加现第2款的内容。

◉ **关联法规**

《立法法》第80～90、109条

第一百零一条 地方人大的选举权和罢免权

地方各级人民代表大会分别选举并且有权罢免本级人民政府的省长和副省长、市长和副市长、县长和副县长、区长和副区长、乡长和副乡长、镇长和副镇长。

县级以上的地方各级人民代表大会选举并且有权罢免本级监察委员会主任、本级人民法院院长和本级人民检察院检察长。选出或者罢免人民检察院检察长,须报上级人民检察院检察长提请该级人民代表大会常务委员会批准。

◉ 立法沿革

1982 年《宪法》本条第 2 款的内容为:“县级以上的地方各级人民代表大会选举并且有权罢免本级人民法院院长和本级人民检察院检察长。选出或者罢免人民检察院检察长,须报上级人民检察院检察长提请该级人民代表大会常务委员会批准。”

2018 年《宪法修正案》(第 48 条)对本条第 2 款进行了修改。

第一百零二条 对地方人大代表的监督和罢免

省、直辖市、设区的市的人民代表大会代表受原选举单位的监督;县、不设区的市、市辖区、乡、民族乡、镇的人民代表大会代表受选民的监督。

地方各级人民代表大会代表的选举单位和选民有权依照法律规定的程序罢免由他们选出的代表。

◉ 关联法规

《全国人民代表大会和地方各级人民代表大会代表法》第 11、15 条;《全国人民代表大会和地方各级人民代表大会选举法》第 49 ~ 54 条;《地方各级人民代表大会和地方各级人民政府组织法》第 31、44 条

第一百零三条　地方人大常委会的组成、地位与职务禁止

县级以上的地方各级人民代表大会常务委员会由主任、副主任若干人和委员若干人组成，对本级人民代表大会负责并报告工作。

县级以上的地方各级人民代表大会选举并有权罢免本级人民代表大会常务委员会的组成人员。

县级以上的地方各级人民代表大会常务委员会的组成人员不得担任国家行政机关、监察机关、审判机关和检察机关的职务。

◉ 立法沿革

1982年《宪法》本条第3款的内容为："县级以上的地方各级人民代表大会常务委员会的组成人员不得担任国家行政机关、审判机关和检察机关的职务。"

2018年《宪法修正案》（第49条）对本条第3款进行了修改。

◉ 条文注释

本条是关于县级以上地方各级人大常委会组成、地位及其职务禁止的规定。根据本条规定：(1)县级以上的地方各级人大常委会的组成机构由常委会主任1人、副主任若干人和委员若干人组成；(2)县级以上的地方各级人大常委会与本级人大的关系是，对本级人大负责并报告工作，地方各级人大常委会的组成人员由本级人大选举并接受本级人大监督，地方各级人大有权罢免本级人大常委会的组成人员；(3)为保证县级以上的地方各级人大常委会的独立性和常委会的组成人员能够独立行使职权，地方各级人大常委会的组成人员不得担任国家行政机关、监察机关、审判机关和检察机关的职务。

第一百零四条 地方人大常委会的职权

县级以上的地方各级人民代表大会常务委员会讨论、决定本行政区域内各方面工作的重大事项;监督本级人民政府、监察委员会、人民法院和人民检察院的工作;撤销本级人民政府的不适当的决定和命令;撤销下一级人民代表大会的不适当的决议;依照法律规定的权限决定国家机关工作人员的任免;在本级人民代表大会闭会期间,罢免和补选上一级人民代表大会的个别代表。

◉ 立法沿革

2018年《宪法修正案》(第50条)将1982年《宪法》本条中的"监督本级人民政府、人民法院和人民检察院的工作"修改为"监督本级人民政府、监察委员会、人民法院和人民检察院的工作"。

◉ 关联法规

《地方各级人民代表大会和地方各级人民政府组织法》第50条

第一百零五条 地方政府的性质与行政首长负责制

地方各级人民政府是地方各级国家权力机关的执行机关,是地方各级国家行政机关。

地方各级人民政府实行省长、市长、县长、区长、乡长、镇长负责制。

◉ 条文注释

本条是关于地方各级人民政府的性质和行政首长负责制的规定。地方各级人民政府是地方各级国家权力机关的执行机关,从性质上看,地方各级人民政府是地方各级国家行政机关,除从属于地方各级国家权力机关外,其还要接受上级国家行政机关的领导,执行上级国家行政机关的决定和命令,并服从国务院的统一领导。

根据本条第2款的规定,地方各级人民政府实行行政首长负责制。省长、自治区主席、市长、州长、县长、区长、乡长、镇长是本级行政机关的首要领导人,领导本级人民政府的工作;各级人民政府作出的决定、发布的命令、制定的行政措施或规章以及向同级人大提出的议案等,都由他们来签署以示负责。行政首长召集和主持政府全体会议或者常务会议讨论重大问题。

第一百零六条　地方政府的任期

地方各级人民政府每届任期同本级人民代表大会每届任期相同。

第一百零七条　地方政府的职权

县级以上地方各级人民政府依照法律规定的权限,管理本行政区域内的经济、教育、科学、文化、卫生、体育事业、城乡建设事业和财政、民政、公安、民族事务、司法行政、计划生育等行政工作,发布决定和命令,任免、培训、考核和奖惩行政工作人员。

乡、民族乡、镇的人民政府执行本级人民代表大会的决议和上级国家行政机关的决定和命令,管理本行政区域内的行政工作。

省、直辖市的人民政府决定乡、民族乡、镇的建置和区域划分。

◉ 立法沿革

1982年《宪法》本条第1款的内容为:“县级以上地方各级人民

政府依照法律规定的权限，管理本行政区域内的经济、教育、科学、文化、卫生、体育事业、城乡建设事业和财政、民政、公安、民族事务、司法行政、监察、计划生育等行政工作，发布决定和命令，任免、培训、考核和奖惩行政工作人员。”

2018 年《宪法修正案》（第 51 条）对本条第 1 款进行了修改。

◉ 关联法规

《地方各级人民代表大会和地方人民政府组织法》第 73、76 条

第一百零八条　地方政府内部及各级政府之间的关系

县级以上的地方各级人民政府领导所属各工作部门和下级人民政府的工作，有权改变或者撤销所属各工作部门和下级人民政府的不适当的决定。

◉ 条文注释

本条是关于县级以上地方各级人民政府与其下级人民政府和其所属各工作部门关系的规定。地方各级人民政府是地方各级国家权力机关的执行机关，是地方各级国家行政机关，负责本行政区域内的行政管理工作。首先，地方各级人民政府与其下级人民政府之间是领导与被领导的关系，下级人民政府必须接受上级人民政府的领导和监督。作为监督的手段，上级人民政府有权改变或者撤销下级人民政府的不适当的决定。其次，由于政府管理的复杂性，需要建立不同的专业部门分别进行管理，各级人民政府与本级的政府工作部门之间也是领导与被领导的关系，地方各级人民政府的工作部门在本级人民政府的领导下开展工作，对于地方各级人民政府工作部门工作中的不适当的决定，本级人民政府有权改变或者撤销。

第一百零九条 地方政府审计机关的地位和职权

县级以上的地方各级人民政府设立审计机关。地方各级审计机关依照法律规定独立行使审计监督权，对本级人民政府和上一级审计机关负责。

◉ 关联法规

《审计法》第18～33条

第一百一十条 地方政府与本级国家权力机关、上级政府的关系

地方各级人民政府对本级人民代表大会负责并报告工作。县级以上的地方各级人民政府在本级人民代表大会闭会期间，对本级人民代表大会常务委员会负责并报告工作。

地方各级人民政府对上一级国家行政机关负责并报告工作。全国地方各级人民政府都是国务院统一领导下的国家行政机关，都服从国务院。

◉ 条文注释

本条是关于地方各级人民政府与本级国家权力机关、上级人民政府关系的规定。地方各级人民政府与本级人大的关系是，地方各级人民政府对本级人大负责并报告工作。地方各级人大是地方各级国家权力机关，是本区域范围内代表人民行使权力的机关。地方各级人大通过选举产生并组成本级人民政府，地方各级人民政府是本级国家权力机关的执行机关，受其监督，对其负责。地方各级人民政府对本级国家权力机关负责的主要形式是向其报告工作。

同时，我国是单一制国家，地方各级人民政府必须接受上级人民政府的领导，向上一级人民政府负责并报告工作，执行上级行政机关的决定和命令。国务院是国家的最高行政机关，统一领导全国的行

政管理工作,全国地方各级人民政府都必须服从国务院的统一领导,同时又要发挥自己的主动性,努力搞好工作。

第一百一十一条　基层群众性自治组织

城市和农村按居民居住地区设立的居民委员会或者村民委员会是基层群众性自治组织。居民委员会、村民委员会的主任、副主任和委员由居民选举。居民委员会、村民委员会同基层政权的相互关系由法律规定。

居民委员会、村民委员会设人民调解、治安保卫、公共卫生等委员会,办理本居住地区的公共事务和公益事业,调解民间纠纷,协助维护社会治安,并且向人民政府反映群众的意见、要求和提出建议。

◉ 条文注释

本条是关于基层群众性自治组织的规定。基层群众性自治组织是基层群众自我管理、自我教育、自我服务的自治组织,实行民主选举、民主决策、民主管理和民主监督。七届全国人大常委会第十一次会议以及九届全国人大常委会第五次会议先后于1989年12月和1998年11月通过了《城市居民委员会组织法》和《村民委员会组织法》,使宪法中关于基层群众性自治组织的规定在法律中得到具体落实和保障。根据宪法和法律规定,基层群众性自治组织的组织形式是村民委员会和居民委员会,一般由主任、副主任和委员若干人组成。

◉ 关联法规

《城市居民委员会组织法》;《村民委员会组织法》;《人民调解法》;《人民调解委员会组织条例》

第六节 民族自治地方的自治机关

第一百一十二条 民族自治机关

民族自治地方的自治机关是自治区、自治州、自治县的人民代表大会和人民政府。

◉ 条文注释

本条是关于民族自治地方的自治机关的规定。民族自治地方的自治机关是在民族自治地方设立的政权机关,依法行使自治权。根据《宪法》和《民族区域自治法》的规定,民族自治地方的自治机关是自治区、自治州、自治县的人民代表大会和人民政府。一方面,民族自治地方的自治机关是国家的一级地方政权机关,民族自治地方的人民代表大会和人民政府的产生、任期、职权、工作制度等与普通行政机关相同;另一方面,由于自治机关是在民族自治地方设立的,在自治机关的组成与权限等方面又有其特殊性,主要表现为自治机关依法行使自治权。

第一百一十三条 民族自治地方人大及其常委会的组成

自治区、自治州、自治县的人民代表大会中,除实行区域自治的民族的代表外,其他居住在本行政区域内的民族也应当有适当名额的代表。

自治区、自治州、自治县的人民代表大会常务委员会中应当有实行区域自治的民族的公民担任主任或者副主任。

第一百一十四条 民族自治地方政府首长的人选

自治区主席、自治州州长、自治县县长由实行区域自治的民族的公民担任。

第一百一十五条 自治机关的职权

自治区、自治州、自治县的自治机关行使宪法第三章第五节规定的地方国家机关的职权,同时依照宪法、民族区域自治法和其他法律规定的权限行使自治权,根据本地方实际情况贯彻执行国家的法律、政策。

◉ 条文注释

本条是关于自治地方自治机关职权的规定。自治地方自治机关的职权包括两个方面:

1. 作为一级地方政权机关,行使相应地方国家机关的职权。自治地方的人大行使一般地方人大的职权,人民政府行使一般地方人民政府的职权。

2. 作为自治机关,行使自治权。根据《宪法》《民族区域自治法》和有关法律的规定,自治机关的自治权主要体现在以下几个方面:(1)有权制定自治条例和单行条例;(2)有权变通执行或者停止执行上级国家机关制定的不适合民族自治地方实际情况的决议、决定、命令和指示;(3)有权以实行区域自治的民族的语言文字为主执行职务;(4)有权自主管理本行政区域的经济建设、财政、教育、科学、文化、卫生、环境与资源保护等各项事务。

第一百一十六条 民族自治地方的立法权

民族自治地方的人民代表大会有权依照当地民族的政治、经济和文化的特点，制定自治条例和单行条例。自治区的自治条例和单行条例，报全国人民代表大会常务委员会批准后生效。自治州、自治县的自治条例和单行条例，报省或者自治区的人民代表大会常务委员会批准后生效，并报全国人民代表大会常务委员会备案。

◉ 条文注释

本条是关于民族自治地方立法权的规定。根据《宪法》和《民族区域自治法》的规定，民族自治地方的人民代表大会有权依照当地民族的政治、经济和文化的特点，制定自治条例和单行条例。(1)自治条例是民族自治地方的人民代表大会依照当地民族的政治、经济和文化的特点制定的全面调整本自治地方事务的综合性规范性文件；(2)单行条例是民族自治地方的人民代表大会依照当地民族的政治、经济、文化的特点制定的调整本自治地方某方面事务的规范性文件。自治区制定的自治条例和单行条例，须报全国人民代表大会常务委员会批准后才能生效。自治州、自治县制定的自治条例和单行条例，须报省、自治区、直辖市的人民代表大会常务委员会批准后生效，并报全国人民代表大会常务委员会备案。自治条例和单行条例可以依照当地民族的特点，对法律和行政法规的规定作出变通规定，但不得违背法律或者行政法规的基本原则，不得对《宪法》和《民族区域自治法》的规定以及其他有关法律、行政法规专门就民族自治地方所作的规定作出变通规定。

第一百一十七条 民族自治地方的财政自治权

民族自治地方的自治机关有管理地方财政的自治权。凡是依照国家财政体制属于民族自治地方的财政收入,都应当由民族自治地方的自治机关自主地安排使用。

◉ 关联法规

《民族区域自治法》第32条

第一百一十八条 民族自治地方的经济建设自主权

民族自治地方的自治机关在国家计划的指导下,自主地安排和管理地方性的经济建设事业。

国家在民族自治地方开发资源、建设企业的时候,应当照顾民族自治地方的利益。

◉ 关联法规

《民族区域自治法》第25条

第一百一十九条 民族自治地方的文化事业自主权

民族自治地方的自治机关自主地管理本地方的教育、科学、文化、卫生、体育事业,保护和整理民族的文化遗产,发展和繁荣民族文化。

◉ 关联法规

《民族区域自治法》第38条

第一百二十条 民族自治地方的公安部队

民族自治地方的自治机关依照国家的军事制度和当地的实际需要,经国务院批准,可以组织本地方维护社会治安的公安部队。

第一百二十一条 自治机关的公务语言

民族自治地方的自治机关在执行职务的时候,依照本民族自治地方自治条例的规定,使用当地通用的一种或者几种语言文字。

◉ 关联法规

《民族区域自治法》第10、21条

第一百二十二条 国家对民族自治地方的帮助、扶持

国家从财政、物资、技术等方面帮助各少数民族加速发展经济建设和文化建设事业。

国家帮助民族自治地方从当地民族中大量培养各级干部、各种专业人才和技术工人。

◉ 条文注释

本条是关于国家对民族自治地方帮助、扶持的规定。国家对民族自治地方的帮助、扶持主要集中在以下两个方面:(1)国家帮助各少数民族加速发展经济建设和文化建设事业。由于历史、地理环境等因素的影响和制约,民族自治地方的发展存在不少困难,与其他地区相比存在较大差距。为了加速发展民族自治地方的各项事业,国家必须从财政、物资、技术等方面对民族自治地方给予帮助和支持。

(2)国家帮助民族自治地方培养人才。民族自治地方各项事业的发展需要大批人才,因此必须从战略的高度重视人才问题,国家既要帮助民族自治地方培养人才,又要为民族自治地方输送人才,以便为民族自治地方各项事业的发展打下坚实的基础。

第七节　监察委员会

◉ 立法沿革

本节内容为2018年《宪法修正案》(第52条)增加。

第一百二十三条　监察委员会的性质

中华人民共和国各级监察委员会是国家的监察机关。

◉ 关联法规

《监察法》第7条

第一百二十四条　监察委员会的组成与任期

中华人民共和国设立国家监察委员会和地方各级监察委员会。

监察委员会由下列人员组成:

主任,

副主任若干人,

委员若干人。

监察委员会主任每届任期同本级人民代表大会每届任期相同。国家监察委员会主任连续任职不得超过两届。

监察委员会的组织和职权由法律规定。

第一百二十五条　各级监察委员会之间的关系

中华人民共和国国家监察委员会是最高监察机关。

国家监察委员会领导地方各级监察委员会的工作，上级监察委员会领导下级监察委员会的工作。

第一百二十六条　监察委员会与人大的关系

国家监察委员会对全国人民代表大会和全国人民代表大会常务委员会负责。地方各级监察委员会对产生它的国家权力机关和上一级监察委员会负责。

第一百二十七条　监察权的行使

监察委员会依照法律规定独立行使监察权，不受行政机关、社会团体和个人的干涉。

监察机关办理职务违法和职务犯罪案件，应当与审判机关、检察机关、执法部门互相配合，互相制约。

◉ **关联法规**

《监察法》第11、15条

第八节　人民法院和人民检察院

第一百二十八条　人民法院的性质

中华人民共和国人民法院是国家的审判机关。

◉ 条文注释

本条是关于人民法院性质的规定。根据本条规定,人民法院是国家的审判机关,代表国家行使审判权。

在我国,人民法院作为国家的审判机关,具有以下几个特点:(1)人民法院依照宪法、法律和全国人民代表大会常务委员会的决定设置;(2)人民法院是审判机关,依法代表国家行使审判权;(3)国家的审判权只能由人民法院行使,其他任何机关、组织和个人都无权行使这一权力。

第一百二十九条 人民法院的组织体系和最高人民法院院长的任期

中华人民共和国设立最高人民法院、地方各级人民法院和军事法院等专门人民法院。

最高人民法院院长每届任期同全国人民代表大会每届任期相同,连续任职不得超过两届。

人民法院的组织由法律规定。

◉ 条文注释

本条是关于人民法院的组织体系和最高人民法院院长任期的规定。

我国的人民法院组织体系由最高人民法院、地方各级人民法院和军事法院等专门人民法院组成。

最高人民法院院长任期与产生它的人民代表大会每届任期相同,连续任职不得超过两届。各级人民代表大会有权罢免由其选出的人民法院院长。在地方人民代表大会闭会期间,本级人民代表大会常务委员会认为人民法院院长需要撤换的,应当报请上级人民代表大会常务委员会批准。

第一百三十条 公开审判原则和辩护原则

人民法院审理案件,除法律规定的特别情况外,一律公开进行。被告人有权获得辩护。

◉ 条文注释

本条是关于人民法院公开审判原则和被告人辩护权的规定。公开审判原则,是指人民法院审理案件和宣告判决一律公开进行,是人民法院审理案件时必须坚持的司法原则。公开审判通过将司法审判公开进行以接受社会监督,从而保证司法程序的公正,并通过进行公开审判达到宣传法律和对公民进行法律教育的目的。只有在审理涉及国家秘密、个人隐私、商业秘密和未成年人犯罪案件的特殊情况下,才可以不对案件进行公开审理。所谓公开,包括两项内容:一是对群众公开,即允许群众旁听;二是对社会公开,即人民法院审理案件,允许新闻记者采访报道,将案情和审理情况公之于众。对于不公开审理的案件,也必须将判决结果对外公开。

被告人有权获得辩护,包含两层含义:(1)被告人有权为自己进行辩护;(2)被告人有权聘请律师或委托他人为自己进行辩护。

第一百三十一条 法院独立行使审判权

人民法院依照法律规定独立行使审判权,不受行政机关、社会团体和个人的干涉。

◉ 条文注释

本条是关于人民法院依法独立行使审判权原则的规定。这一原则要求人民法院在审判工作中要以事实为依据、以法律为准绳,独立进行审判,实事求是地对案件作出公正判决和裁定,不受任何组织、领导及其他个人的干涉。保证法院依法独立行使审判权,有利于保证国家审判权的统一行使,保证国家法律的统一执行,保证审判工作的正常进行,保证对案件的正确判决。然而,人民法院独立行使审判权,并不是不受任何监督。首先,人民法院要向同级人大负责并报告工作,接受同级人大及其常委会的监督;其次,人民检察院是法律监督机关,人民法院的审判活动必须接受人民检察院依法进行的监督;最后,人民法院独立行使审判权,还要接受党和人民群众的监督。

◉ 关联法规

《人民法院组织法》第 4 条;《刑事诉讼法》第 5 条

第一百三十二条 最高人民法院的地位和各级法院之间的关系

最高人民法院是最高审判机关。

最高人民法院监督地方各级人民法院和专门人民法院的审判工作,上级人民法院监督下级人民法院的审判工作。

◉ 条文注释

本条是关于最高人民法院的地位及各级人民法院之间关系的规定。

根据本条第 1 款的规定,最高人民法院是国家的最高审判机关,是中央一级的审判机关,其审判人员由全国人民代表大会及其常务委员会选举或者任命产生。

本条第 2 款是关于各级人民法院上下级关系的规定。在我国,人民法院体系内部上级与下级的关系是监督与被监督的关系,即最高人民法院对地方各级人民法院和专门人民法院的审判工作进行监督,上级人民法院对下级人民法院的审判工作进行监督。

第一百三十三条　法院与国家权力机关的关系

最高人民法院对全国人民代表大会和全国人民代表大会常务委员会负责。地方各级人民法院对产生它的国家权力机关负责。

第一百三十四条　人民检察院的性质

中华人民共和国人民检察院是国家的法律监督机关。

◉ 条文注释

本条是关于人民检察院性质的规定。所谓法律监督,又称检察监督,是指通过人民检察院行使检察权,对国家机关及其工作人员和公民是否遵守宪法和法律进行监督,保障宪法和法律的统一实施。

第一百三十五条　人民检察院的组织体系和最高人民检察院检察长的任期

中华人民共和国设立最高人民检察院、地方各级人民检察院和军事检察院等专门人民检察院。

最高人民检察院检察长每届任期同全国人民代表大会每届任期相同,连续任职不得超过两届。

人民检察院的组织由法律规定。

◉ 条文注释

本条是关于人民检察院的组织体系和最高人民检察院检察长任期的规定。

根据本条第1款的规定,我国的人民检察院组织体系由最高人民检察院、地方各级人民检察院和军事检察院等专门人民检察院组成。

根据本条第2款的规定,最高人民检察院检察长每届任期同全国人民代表大会每届任期相同,连续任职不得超过两届。人民检察院实行检察官办案责任制。检察官对其职权范围内就案件作出的决定负责。检察长、检察委员会对案件作出决定的,承担相应责任。

第一百三十六条 检察院独立行使检察权

人民检察院依照法律规定独立行使检察权,不受行政机关、社会团体和个人的干涉。

关联法规

《人民检察院组织法》第4条;《刑事诉讼法》第5条

第一百三十七条 最高人民检察院的地位和各级检察院之间的关系

最高人民检察院是最高检察机关。

最高人民检察院领导地方各级人民检察院和专门人民检察院的工作,上级人民检察院领导下级人民检察院的工作。

条文注释

本条是关于最高人民检察院的地位及各级人民检察院之间关系的规定。根据本条第1款的规定,最高人民检察院是国家的最高检察机关,是中央一级的检察机关,其检察人员由全国人民代表大会及其常务委员会选举或者任命产生。

有别于人民法院上下级之间的监督与被监督关系,人民检察院的上下级关系是领导与被领导的关系,以加强检察机关的法律监督职能,实现检察体制一体化。人民检察院上下级之间这种领导与被领导关系主要体现在：最高人民检察院和省级人民检察院的检察长有权向本级人大常委会提请任免和撤换下级人民检察院的检察长；下级人民检察院在办理重大案件时，要接受上级人民检察院的指示和领导等。

第一百三十八条 检察院与国家权力机关的关系

最高人民检察院对全国人民代表大会和全国人民代表大会常务委员会负责。地方各级人民检察院对产生它的国家权力机关和上级人民检察院负责。

条文注释

本条是关于人民检察院与国家权力机关关系的规定。在我国，人民检察院实行双重领导的体制：一方面，下级人民检察院要接受上级人民检察院和最高人民检察院的领导；另一方面，各级人民检察院对产生它的国家权力机关负责并报告工作，接受国家权力机关的监督。

第一百三十九条 诉讼语言

各民族公民都有用本民族语言文字进行诉讼的权利。人民法院和人民检察院对于不通晓当地通用的语言文字的诉讼参与人，应当为他们翻译。

在少数民族聚居或者多民族共同居住的地区，应当用当地通用的语言进行审理；起诉书、判决书、布告和其他文书应当根据实际需要使用当地通用的一种或者几种文字。

条文注释

本条是关于各民族公民都有使用本民族语言文字进行诉讼的权

利的规定。根据《宪法》规定,各民族都有使用和发展自己的语言文字的自由。使用本民族语言文字进行诉讼活动正是少数民族公民行使这一自由权利的体现,是诉讼参与人的一项重要诉讼权利。

根据本条的规定,各民族公民都有使用本民族的语言文字进行诉讼的权利,这一权利主要包括以下内容:(1)人民法院、人民检察院均应当对不通晓当地通用的语言文字的诉讼参与人提供翻译;(2)诉讼当事人及被害人、诉讼代理人、辩护人、证人、鉴定人等诉讼参与人均享有提供翻译的权利;(3)人民检察院的起诉书、人民法院的判决书、布告和其他文书,应当根据实际需要,使用当地通用的一种或者几种文字。

第一百四十条　司法机关之间的分工与制约原则

人民法院、人民检察院和公安机关办理刑事案件,应当分工负责,互相配合,互相制约,以保证准确有效地执行法律。

第四章　国旗、国歌、国徽、首都

第一百四十一条　国旗、国歌

中华人民共和国国旗是五星红旗。

中华人民共和国国歌是《义勇军进行曲》。

◉ 立法沿革

2004年《宪法修正案》(第31条)将1982年《宪法》第4章章名“国旗、国徽、首都”修改为“国旗、国歌、国徽、首都”,并给本条增加了第2款内容。

◉ **关联法规**

《国旗法》;《国歌法》

第一百四十二条　国徽

中华人民共和国国徽,中间是五星照耀下的天安门,周围是谷穗和齿轮。

◉ **关联法规**

《国徽法》

第一百四十三条　首都

中华人民共和国首都是北京。

中华人民共和国宪法修正案

(1988年4月12日第七届全国人民代表大会第一次会议通过
1988年4月12日全国人民代表大会公告第8号公布施行)

第一条 私营经济的地位及管理

宪法第十一条增加规定:“国家允许私营经济在法律规定的范围内存在和发展。私营经济是社会主义公有制经济的补充。国家保护私营经济的合法的权利和利益,对私营经济实行引导、监督和管理。”

第二条 土地使用权可转让

宪法第十条第四款“任何组织或者个人不得侵占、买卖、出租或者以其他形式非法转让土地。”修改为:“任何组织或者个人不得侵占、买卖或者以其他形式非法转让土地。土地的使用权可以依照法律的规定转让。”

◉ 关联法规

《城市房地产管理法》;《城镇国有土地使用权出让和转让暂行条例》

中华人民共和国宪法修正案

(1993 年 3 月 29 日第八届全国人民代表大会第一次会议通过
1993 年 3 月 29 日全国人民代表大会公告第 8 号公布施行)

第三条 社会主义初级阶段的根本任务和目标

宪法序言第七自然段后两句:“今后国家的根本任务是集中力量进行社会主义现代化建设。中国各族人民将继续在中国共产党领导下,在马克思列宁主义、毛泽东思想指引下,坚持人民民主专政,坚持社会主义道路,不断完善社会主义的各项制度,发展社会主义民主,健全社会主义法制,自力更生,艰苦奋斗,逐步实现工业、农业、国防和科学技术的现代化,把我国建设成为高度文明、高度民主的社会主义国家。”修改为:“我国正处于社会主义初级阶段。国家的根本任务是,根据建设有中国特色社会主义的理论,集中力量进行社会主义现代化建设。中国各族人民将继续在中国共产党领导下,在马克思列宁主义、毛泽东思想指引下,坚持人民民主专政,坚持社会主义道路,坚持改革开放,不断完善社会主义的各项制度,发展社会主义民主,健全社会主义法制,自力更生,艰苦奋斗,逐步实现工业、农业、国防和科学技术的现代化,把我国建设成为富强、民主、文明的社会主义国家。”

第四条　政党制度

宪法序言第十自然段末尾增加:“中国共产党领导的多党合作和政治协商制度将长期存在和发展。”

第五条　国有经济

宪法第七条:“国营经济是社会主义全民所有制经济,是国民经济中的主导力量。国家保障国营经济的巩固和发展。”修改为:“国有经济,即社会主义全民所有制经济,是国民经济中的主导力量。国家保障国有经济的巩固和发展。”

第六条　农村集体经济

宪法第八条第一款:“农村人民公社、农业生产合作社和其他生产、供销、信用、消费等各种形式的合作经济,是社会主义劳动群众集体所有制经济。参加农村集体经济组织的劳动者,有权在法律规定的范围内经营自留地、自留山、家庭副业和饲养自留畜。”修改为:“农村中的家庭联产承包为主的责任制和生产、供销、信用、消费等各种形式的合作经济,是社会主义劳动群众集体所有制经济。参加农村集体经济组织的劳动者,有权在法律规定的范围内经营自留地、自留山、家庭副业和饲养自留畜。”

第七条　市场经济

宪法第十五条:“国家在社会主义公有制基础上实行计划经济。国家通过经济计划的综合平衡和市场调节的辅助作用,保证国民经济按比例地协调发展。”“禁止任何组织或者个人扰乱社会经济秩序,破坏国家经济计划。”修改为:“国家实行社会主义市场经济。”“国家加强经济立法,完善宏观调控。”“国家依法禁止任何组织或者个人扰乱社会经济秩序。”

第八条 国有企业的经营与管理

宪法第十六条:“国营企业在服从国家的统一领导和全面完成国家计划的前提下,在法律规定的范围内,有经营管理的自主权。”“国营企业依照法律规定,通过职工代表大会和其他形式,实行民主管理。”修改为:“国有企业在法律规定的范围内有权自主经营。”“国有企业依照法律规定,通过职工代表大会和其他形式,实行民主管理。”

第九条 集体经济组织的经营与管理

宪法第十七条:“集体经济组织在接受国家计划指导和遵守有关法律的前提下,有独立进行经济活动的自主权。”“集体经济组织依照法律规定实行民主管理,由它的全体劳动者选举和罢免管理人员,决定经营管理的重大问题。”修改为:“集体经济组织在遵守有关法律的前提下,有独立进行经济活动的自主权。”“集体经济组织实行民主管理,依照法律规定选举和罢免管理人员,决定经营管理的重大问题。”

第十条 劳动及劳动者

宪法第四十二条第三款:"劳动是一切有劳动能力的公民的光荣职责。国营企业和城乡集体经济组织的劳动者都应当以国家主人翁的态度对待自己的劳动。国家提倡社会主义劳动竞赛,奖励劳动模范和先进工作者。国家提倡公民从事义务劳动。"修改为:"劳动是一切有劳动能力的公民的光荣职责。国有企业和城乡集体经济组织的劳动者都应当以国家主人翁的态度对待自己的劳动。国家提倡社会主义劳动竞赛,奖励劳动模范和先进工作者。国家提倡公民从事义务劳动。"

第十一条 地方权力机关的任期

宪法第九十八条:"省、直辖市、设区的市的人民代表大会每届任期五年。县、不设区的市、市辖区、乡、民族乡、镇的人民代表大会每届任期三年。"修改为:"省、直辖市、县、市、市辖区的人民代表大会每届任期五年。乡、民族乡、镇的人民代表大会每届任期三年。"

中华人民共和国宪法修正案

(1999年3月15日第九届全国人民代表大会第二次会议通过
1999年3月15日全国人民代表大会公告公布施行)

第十二条　社会主义初级阶段的根本任务和目标

宪法序言第七自然段:“中国新民主主义革命的胜利和社会主义事业的成就,都是中国共产党领导中国各族人民,在马克思列宁主义、毛泽东思想的指引下,坚持真理,修正错误,战胜许多艰难险阻而取得的。我国正处于社会主义初级阶段。国家的根本任务是,根据建设有中国特色社会主义的理论,集中力量进行社会主义现代化建设。中国各族人民将继续在中国共产党领导下,在马克思列宁主义、毛泽东思想指引下,坚持人民民主专政,坚持社会主义道路,坚持改革开放,不断完善社会主义的各项制度,发展社会主义民主,健全社会主义法制,自力更生,艰苦奋斗,逐步实现工业、农业、国防和科学技术的现代化,把我国建设成为富强、民主、文明的社会主义国家。”修改为:“中国新民主主义革命的胜利和社会主义事业的成就,是中国共产党领导中国各族人民,在马克思列宁主义、毛泽东思想的指引下,坚持真理,修正错误,战胜许多艰难险阻而取得的。我国将长期处于社会主义初级阶段。国家的根本任务是,沿着建设有中国特色社会主义的道路,集中力量进行社会主义现代化建设。中国各族人民将继续在中国共产党领导下,在马克思列宁主义、毛泽东思想、邓小平理论指引下,坚持人民民主专政,坚持社会主义道路,坚持改革开放,不断完善社会主义的各项制度,发展社会主义市场经济,发展社会主义民主,健全社会主义法制,自力更生,艰苦奋斗,逐步实现工业、农业、国防和科学技术的现代化,把我国建设成为富强、民主、文明的社会主义国家。”

第十三条　建设社会主义法治国家

宪法第五条增加一款,作为第一款,规定:“中华人民共和国实行依法治国,建设社会主义法治国家。”

◉ 条文注释

本条修正案是关于建设社会主义法治国家的规定。“法治”是相对于“人治”而言的,是人类社会政治文明的重要标志之一。1997年党的十五大把“依法治国,建设社会主义法治国家”作为国家发展的长远目标。根据这一发展目标,1999年《宪法修正案》把“依法治国,建设社会主义法治国家”作为国家的根本任务确立下来。依法治国,就是广大人民群众在党的领导下,依照宪法和法律规定,通过各种途径和形式管理国家事务,管理经济文化事业,管理社会事务,保证国家各项工作都依法进行,逐步实现社会主义民主的制度化、法律化,使这种制度和法律不因领导人的改变而改变,不因领导人的看法和注意力的改变而改变。

第十四条　经济制度与分配制度

宪法第六条:“中华人民共和国的社会主义经济制度的基础是生产资料的社会主义公有制,即全民所有制和劳动群众集体所有制。”“社会主义公有制消灭人剥削人的制度,实行各尽所能,按劳分配的原则。”修改为:“中华人民共和国的社会主义经济制度的基础是生产资料的社会主义公有制,即全民所有制和劳动群众集体所有制。社会主义公有制消灭人剥削人的制度,实行各尽所能、按劳分配的原则。”“国家在社会主义初级阶段,坚持公有制为主体、多种所有制经济共同发展的基本经济制度,坚持按劳分配为主体、多种分配方式并存的分配制度。”

第十五条　农村经济的组织形式

宪法第八条第一款:“农村中的家庭联产承包为主的责任制和生产、供销、信用、消费等各种形式的合作经济,是社会主义劳动群众集体所有制经济。参加农村集体经济组织的劳动者,有权在法律规定的范围内经营自留地、自留山、家庭副业和饲养自留畜。”修改为:“农村集体经济组织实行家庭承包经营为基础、统分结合的双层经营体制。农村中的生产、供销、信用、消费等各种形式的合作经济,是社会主义劳动群众集体所有制经济。参加农村集体经济组织的劳动者,有权在法律规定的范围内经营自留地、自留山、家庭副业和饲养自留畜。”

第十六条 非公有制经济的地位及保护、管理

宪法第十一条:“在法律规定范围内的城乡劳动者个体经济,是社会主义公有制经济的补充。国家保护个体经济的合法的权利和利益。”“国家通过行政管理,指导、帮助和监督个体经济。”“国家允许私营经济在法律规定的范围内存在和发展。私营经济是社会主义公有制经济的补充。国家保护私营经济的合法的权利和利益,对私营经济实行引导、监督和管理。”修改为:“在法律规定范围内的个体经济、私营经济等非公有制经济,是社会主义市场经济的重要组成部分。”“国家保护个体经济、私营经济的合法的权利和利益。国家对个体经济、私营经济实行引导、监督和管理。”

第十七条 维护社会秩序、制裁犯罪活动

宪法第二十八条:“国家维护社会秩序,镇压叛国和其他反革命的活动,制裁危害社会治安、破坏社会主义经济和其他犯罪的活动,惩办和改造犯罪分子。”修改为:“国家维护社会秩序,镇压叛国和其他危害国家安全的犯罪活动,制裁危害社会治安、破坏社会主义经济和其他犯罪的活动,惩办和改造犯罪分子。”

中华人民共和国宪法修正案

（2004年3月14日第十届全国人民代表大会第二次会议通过
2004年3月14日全国人民代表大会公告公布施行）

第十八条　社会主义初级阶段的根本任务和目标

宪法序言第七自然段中“在马克思列宁主义、毛泽东思想、邓小平理论指引下”修改为“在马克思列宁主义、毛泽东思想、邓小平理论和‘三个代表’重要思想指引下”，“沿着建设有中国特色社会主义的道路”修改为“沿着中国特色社会主义道路”，“逐步实现工业、农业、国防和科学技术的现代化”之后增加“推动物质文明、政治文明和精神文明协调发展”。这一自然段相应地修改为：“中国新民主主义革命的胜利和社会主义事业的成就，是中国共产党领导中国各族人民，在马克思列宁主义、毛泽东思想的指引下，坚持真理，修正错误，战胜许多艰难险阻而取得的。我国将长期处于社会主义初级阶段。国家的根本任务是，沿着中国特色社会主义道路，集中力量进行社会主义现代化建设。中国各族人民将继续在中国共产党领导下，在马克思列宁主义、毛泽东思想、邓小平理论和‘三个代表’重要思想指引下，坚持人民民主专政，坚持社会主义道路，坚持改革开放，不断完善社会主义的各项制度，发展社会主义市场经济,发展社会主义民主,健全社会主义法制,自力更生,艰苦奋斗,逐步实现工业、农业、国防和科学技术的现代化,推动物质文明、政治文明和精神文明协调发展,把我国建设成为富强、民主、文明的社会主义国家。”

第十九条 爱国统一战线

宪法序言第十自然段第二句“在长期的革命和建设过程中,已经结成由中国共产党领导的,有各民主党派和各人民团体参加的,包括全体社会主义劳动者、拥护社会主义的爱国者和拥护祖国统一的爱国者的广泛的爱国统一战线,这个统一战线将继续巩固和发展。”修改为:“在长期的革命和建设过程中,已经结成由中国共产党领导的,有各民主党派和各人民团体参加的,包括全体社会主义劳动者、社会主义事业的建设者、拥护社会主义的爱国者和拥护祖国统一的爱国者的广泛的爱国统一战线,这个统一战线将继续巩固和发展。”

第二十条 土地征收、征用与补偿

宪法第十条第三款“国家为了公共利益的需要,可以依照法律规定对土地实行征用。”修改为:“国家为了公共利益的需要,可以依照法律规定对土地实行征收或者征用并给予补偿。”

第二十一条 非公有制经济的保护、管理

宪法第十一条第二款“国家保护个体经济、私营经济的合法的权利和利益。国家对个体经济、私营经济实行引导、监督

和管理。”修改为:“国家保护个体经济、私营经济等非公有制经济的合法的权利和利益。国家鼓励、支持和引导非公有制经济的发展,并对非公有制经济依法实行监督和管理。”

第二十二条　保护公民私有财产权

宪法第十三条“国家保护公民的合法的收入、储蓄、房屋和其他合法财产的所有权。”“国家依照法律规定保护公民的私有财产的继承权。”修改为:“公民的合法的私有财产不受侵犯。”“国家依照法律规定保护公民的私有财产权和继承权。”“国家为了公共利益的需要,可以依照法律规定对公民的私有财产实行征收或者征用并给予补偿。”

◉ 条文注释

本条修正案是关于保护公民私有财产权的规定。公民私有财产权是指公民对其合法财产可以自由占有、使用、收益或处分,不受政府或他人非法干涉或侵犯的权利。私有财产权是公民基本权利的基础和保障。私有财产权既包括公民个人财产的所有权,也包括公民个人合法取得的公共财产的使用权。从本条可以看出其具有以下几个方面的含义:首先,本条进一步明确国家对全体公民的合法的私有财产都给予保护,保护范围既包括生活资料,又包括生产资料。其次,用“财产权”代替原条文中的“所有权”,在权利含义上更加准确、全面。最后,我国有相关法律根据不同情况已经作出了征收或者征用的规定,在《宪法》中增加对私有财产征收、征用制度的规定,有利于正确处理私有财产保护和公共利益需要的关系。

第二十三条 建立健全社会保障制度

宪法第十四条增加一款,作为第四款:"国家建立健全同经济发展水平相适应的社会保障制度。"

◉ 条文注释

本条修正案是关于建立健全社会保障制度的规定。这一规定,充分体现了以人为本的思想,反映了经济与社会协调发展的要求,为建立健全社会保障制度提供了宪法依据,对于完善社会主义市场经济体制,维护社会稳定和国家长治久安,全面建设小康社会,具有重要的意义。

社会保障制度应当包括以下基本内容:第一,社会保险制度,包括基本养老保险、基本医疗保险、失业保险、工伤保险、生育保险等制度。第二,社会救济制度,即建立灾民救济、城市居民最低生活保障救济、城乡特殊贫困人员救济等制度。第三,社会福利制度,即建立老年福利、托幼福利、残疾人福利、社区服务、城镇居民福利津贴等多项制度和设立文化、教育、卫生、保健等社会公益设施。第四,社会互助制度,即由不同的社会组织建立其成员之间相互提供帮助的制度,如工会组织建立的工会会员互助金制度。第五,社会优抚制度,即建立军人和军人家属优待、军人转业和退伍安置、军人伤残抚恤和死亡抚恤等制度。

◉ 关联法规

《社会保险法》

第二十四条 人权保障

宪法第三十三条增加一款,作为第三款:"国家尊重和保障人权。"第三款相应地改为第四款。

◉ 条文注释

本条修正案是关于人权保障的规定。2004 年《宪法修正案》将“国家尊重和保障人权”写入《宪法》,首次将“人权”由一个政治概念提升为法律概念。尊重和保障人权是我们党和国家的一贯方针,把它写入《宪法》,可以进一步为贯彻执行这一方针提供宪法保障。第一,将对我国的立法起到重要指导作用。具体到我国的立法实践,就是要坚持以人为本、立法为民,忠实于人民的利益,对人民负责。在程序上,就是要广泛听取人民群众的意见和建议,广集民意、博纳民智,做到立法决策的民主化、科学化。第二,有利于指导国家机关及其工作人员按照尊重和保障人权的要求开展工作。第三,有利于促进人与社会的协调发展。

第二十五条　全国人民代表大会的组成

宪法第五十九条第一款“全国人民代表大会由省、自治区、直辖市和军队选出的代表组成。各少数民族都应当有适当名额的代表。”修改为:“全国人民代表大会由省、自治区、直辖市、特别行政区和军队选出的代表组成。各少数民族都应当有适当名额的代表。”

第二十六条　全国人大常委会的职权

宪法第六十七条全国人民代表大会常务委员会职权第二十项“(二十)决定全国或者个别省、自治区、直辖市的戒严”修改为“(二十)决定全国或者个别省、自治区、直辖市进入紧急状态”。

第二十七条　国家主席对国内事务的职权

宪法第八十条“中华人民共和国主席根据全国人民代表大会的决定和全国人民代表大会常务委员会的决定,公布法律,任免国务院总理、副总理、国务委员、各部部长、各委员会主任、审计长、秘书长,授予国家的勋章和荣誉称号,发布特赦令,发布戒严令,宣布战争状态,发布动员令。”修改为:“中华人民共和国主席根据全国人民代表大会的决定和全国人民代表大会常务委员会的决定,公布法律,任免国务院总理、副总理、国务委员、各部部长、各委员会主任、审计长、秘书长,授予国家的勋章和荣誉称号,发布特赦令,宣布进入紧急状态,宣布战争状态,发布动员令。”

第二十八条　国家主席的外交职权

宪法第八十一条“中华人民共和国主席代表中华人民共和国,接受外国使节;根据全国人民代表大会常务委员会的决定,派遣和召回驻外全权代表,批准和废除同外国缔结的条约和重要协定。”修改为:“中华人民共和国主席代表中华人民共和国,进行国事活动,接受外国使节;根据全国人民代表大会常务委员会的决定,派遣和召回驻外全权代表,批准和废除同外国缔结的条约和重要协定。”

第二十九条　国务院的职权

宪法第八十九条国务院职权第十六项“(十六)决定省、自治区、直辖市的范围内部分地区的戒严”修改为“(十六)依照法律规定决定省、自治区、直辖市的范围内部分地区进入紧急状态”。

第三十条 地方人大的任期

宪法第九十八条“省、直辖市、县、市、市辖区的人民代表大会每届任期五年。乡、民族乡、镇的人民代表大会每届任期三年。”修改为:“地方各级人民代表大会每届任期五年。”

第三十一条 国家标志

宪法第四章章名“国旗、国徽、首都”修改为“国旗、国歌、国徽、首都”。宪法第一百三十六条增加一款,作为第二款:“中华人民共和国国歌是《义勇军进行曲》。”

中华人民共和国宪法修正案

(2018年3月11日第十三届全国人民代表大会第一次会议通过
2018年3月11日全国人民代表大会公告第1号公布施行)

第三十二条　社会主义初级阶段的根本任务和目标

宪法序言第七自然段中"在马克思列宁主义、毛泽东思想、邓小平理论和'三个代表'重要思想指引下"修改为"在马克思列宁主义、毛泽东思想、邓小平理论、'三个代表'重要思想、科学发展观、习近平新时代中国特色社会主义思想指引下";"健全社会主义法制"修改为"健全社会主义法治";在"自力更生,艰苦奋斗"前增写"贯彻新发展理念";"推动物质文明、政治文明和精神文明协调发展,把我国建设成为富强、民主、文明的社会主义国家"修改为"推动物质文明、政治文明、精神文明、社会文明、生态文明协调发展,把我国建设成为富强民主文明和谐美丽的社会主义现代化强国,实现中华民族伟大复兴"。这一自然段相应修改为:"中国新民主主义革命的胜利和社会主义事业的成就,是中国共产党领导中国各族人民,在马克思列宁主义、毛泽东思想的指引下,坚持真理,修正错误,战胜许多艰难险阻而取得的。我国将长期处于社会主义初级阶段。国家的根本任务是,沿着中国特色社会主义道路,集中力量进行社会主义现代化建设。中国各族人民将继续在中国共产党领导下,在马克思列宁主义、毛泽东思想、邓小平理论、‘三个代表’重要思想、科学发展观、习近平新时代中国特色社会主义思想指引下,坚持人民民主专政,坚持社会主义道路,坚持改革开放,不断完善社会主义的各项制度,发展社会主义市场经济,发展社会主义民主,健全社会主义法治,贯彻新发展理念,自力更生,艰苦奋斗,逐步实现工业、农业、国防和科学技术的现代化,推动物质文明、政治文明、精神文明、社会文明、生态文明协调发展,把我国建设成为富强民主文明和谐美丽的社会主义现代化强国,实现中华民族伟大复兴。”

第三十三条　爱国统一战线

宪法序言第十自然段中“在长期的革命和建设过程中”修改为“在长期的革命、建设、改革过程中”;“包括全体社会主义劳动者、社会主义事业的建设者、拥护社会主义的爱国者和拥护祖国统一的爱国者的广泛的爱国统一战线”修改为“包括全体社会主义劳动者、社会主义事业的建设者、拥护社会主义的爱国者、拥护祖国统一和致力于中华民族伟大复兴的爱国者的广泛的爱国统一战线”。这一自然段相应修改为:“社会主义的建设事业必须依靠工人、农民和知识分子,团结一切可以团结的力量。在长期的革命、建设、改革过程中,已经结成由中国共产党领导的,有各民主党派和各人民团体参加的,包括全体社会主义劳动者、社会主义事业的建设者、拥护社会主义的爱国者、拥护祖国统一和致力于中华民族伟大复兴的爱国者的广泛的爱国统一战线,这个统一战线将继续巩固和发展。中国人民政治协商会议是有广泛代表性的统一战线组织,过去发挥了重要的历史作用,今后在国家政治生活、社会生活和对外友好活动中,在进行社会主义现代化建设、维护国家的统一和团结的斗争中,将进一步发挥它的重要作用。中国共产党领导的多党合作和政治协商制度将长期存在和发展。”

第三十四条　民族关系

宪法序言第十一自然段中“平等、团结、互助的社会主义民族关系已经确立,并将继续加强。”修改为:“平等团结互助和谐的社会主义民族关系已经确立,并将继续加强。”

第三十五条　对外政策

宪法序言第十二自然段中“中国革命和建设的成就是同世界人民的支持分不开的”修改为“中国革命、建设、改革的成就是同世界人民的支持分不开的”;“中国坚持独立自主的对外政策,坚持互相尊重主权和领土完整、互不侵犯、互不干涉内政、平等互利、和平共处的五项原则”后增加“坚持和平发展道路,坚持互利共赢开放战略”;“发展同各国的外交关系和经济、文化的交流”修改为“发展同各国的外交关系和经济、文化交流,推动构建人类命运共同体”。这一自然段相应修改为:“中国革命、建设、改革的成就是同世界人民的支持分不开的。中国的前途是同世界的前途紧密地联系在一起的。中国坚持独立自主的对外政策,坚持互相尊重主权和领土完整、互不侵犯、互不干涉内政、平等互利、和平共处的五项原则,坚持和平发展道路,坚持互利共赢开放战略,发展同各国的外交关系和经济、文化交流,推动构建人类命运共同体;坚持反对帝国主义、霸权主义、殖民主义,加强同世界各国人民的团结,支持被压迫民族和发展中国家争取和维护民族独立、发展民族经济的正义斗争,为维护世界和平和促进人类进步事业而努力。”

第三十六条 中国特色社会主义最本质的特征

宪法第一条第二款“社会主义制度是中华人民共和国的根本制度。”后增写一句,内容为:“中国共产党领导是中国特色社会主义最本质的特征。”

第三十七条 民主集中制原则

宪法第三条第三款“国家行政机关、审判机关、检察机关都由人民代表大会产生,对它负责,受它监督。”修改为:“国家行政机关、监察机关、审判机关、检察机关都由人民代表大会产生,对它负责,受它监督。”

第三十八条 民族政策

宪法第四条第一款中“国家保障各少数民族的合法的权利和利益,维护和发展各民族的平等、团结、互助关系。”修改为:“国家保障各少数民族的合法的权利和利益,维护和发展各民族的平等团结互助和谐关系。”

第三十九条 精神文明建设

宪法第二十四条第二款中“国家提倡爱祖国、爱人民、爱劳动、爱科学、爱社会主义的公德”修改为“国家倡导社会主义核心价值观,提倡爱祖国、爱人民、爱劳动、爱科学、爱社会主义的公德”。这一款相应修改为:“国家倡导社会主义核心价值观,提倡爱祖国、爱人民、爱劳动、爱科学、爱社会主义的公德,在人民中进行爱国主义、集体主义和国际主义、共产主义的教育,进行辩证唯物主义和历史唯物主义的教育,反对资本主义的、封建主义的和其他的腐朽思想。”

第四十条 宪法宣誓

宪法第二十七条增加一款,作为第三款:“国家工作人员就职时应当依照法律规定公开进行宪法宣誓。”

第四十一条 全国人大的职权

宪法第六十二条“全国人民代表大会行使下列职权”中增加一项,作为第七项“(七)选举国家监察委员会主任”,第七项至第十五项相应改为第八项至第十六项。

第四十二条 全国人大的罢免权

宪法第六十三条“全国人民代表大会有权罢免下列人员”中增加一项,作为第四项“(四)国家监察委员会主任”,第四项、第五项相应改为第五项、第六项。

第四十三条 全国人大常委会的职务禁止

宪法第六十五条第四款“全国人民代表大会常务委员会的组成人员不得担任国家行政机关、审判机关和检察机关的职务。”修改为:“全国人民代表大会常务委员会的组成人员不得担任国家行政机关、监察机关、审判机关和检察机关的职务。”

第四十四条 全国人大常委会的职权;全国人大的专门委员会

宪法第六十七条“全国人民代表大会常务委员会行使下列职权”中第六项“(六)监督国务院、中央军事委员会、最高人民法院和最高人民检察院的工作”修改为“(六)监督国务院、中央军事委员会、国家监察委员会、最高人民法院和最高人民检察院的工作”;增加一项,作为第十一项“(十一)根据国家监察委员会主任的提请,任免国家监察委员会副主任、委员”,第十一项至第二十一项相应改为第十二项至第二十二项。

宪法第七十条第一款中“全国人民代表大会设立民族委员会、法律委员会、财政经济委员会、教育科学文化卫生委员会、外事委员会、华侨委员会和其他需要设立的专门委员会。”修改为:“全国人民代表大会设立民族委员会、宪法和法律委员会、财政经济委员会、教育科学文化卫生委员会、外事委员会、华侨委员会和其他需要设立的专门委员会。”

第四十五条　国家主席、副主席的任期

宪法第七十九条第三款“中华人民共和国主席、副主席每届任期同全国人民代表大会每届任期相同,连续任职不得超过两届。”修改为:“中华人民共和国主席、副主席每届任期同全国人民代表大会每届任期相同。”

第四十六条　国务院的职权

宪法第八十九条“国务院行使下列职权”中第六项“(六)领导和管理经济工作和城乡建设”修改为“(六)领导和管理经济工作和城乡建设、生态文明建设”;第八项“(八)领导和管理民政、公安、司法行政和监察等工作”修改为“(八)领导和管理民政、公安、司法行政等工作”。

第四十七条　设区的市的人大及其常委会的立法权

宪法第一百条增加一款,作为第二款:“设区的市的人民代表大会和它们的常务委员会,在不同宪法、法律、行政法规和本省、自治区的地方性法规相抵触的前提下,可以依照法律规定制定地方性法规,报本省、自治区人民代表大会常务委员会批准后施行。”

第四十八条　地方人大的选举权及罢免权

宪法第一百零一条第二款中“县级以上的地方各级人民代表大会选举并且有权罢免本级人民法院院长和本级人民检

察院检察长。”修改为:“县级以上的地方各级人民代表大会选举并且有权罢免本级监察委员会主任、本级人民法院院长和本级人民检察院检察长。”

第四十九条 地方人大常委会的职务禁止

宪法第一百零三条第三款“县级以上的地方各级人民代表大会常务委员会的组成人员不得担任国家行政机关、审判机关和检察机关的职务。”修改为:“县级以上的地方各级人民代表大会常务委员会的组成人员不得担任国家行政机关、监察机关、审判机关和检察机关的职务。”

第五十条 地方人大常委会的职权

宪法第一百零四条中“监督本级人民政府、人民法院和人民检察院的工作”修改为“监督本级人民政府、监察委员会、人民法院和人民检察院的工作”。这一条相应修改为:“县级以上的地方各级人民代表大会常务委员会讨论、决定本行政区域内各方面工作的重大事项;监督本级人民政府、监察委员会、人民法院和人民检察院的工作;撤销本级人民政府的不适当的决定和命令;撤销下一级人民代表大会的不适当的决议;依照法律规定的权限决定国家机关工作人员的任免;在本级人民代表大会闭会期间,罢免和补选上一级人民代表大会的个别代表。”

第五十一条　地方政府的职权

宪法第一百零七条第一款“县级以上地方各级人民政府依照法律规定的权限,管理本行政区域内的经济、教育、科学、文化、卫生、体育事业、城乡建设事业和财政、民政、公安、民族事务、司法行政、监察、计划生育等行政工作,发布决定和命令,任免、培训、考核和奖惩行政工作人员。”修改为:“县级以上地方各级人民政府依照法律规定的权限,管理本行政区域内的经济、教育、科学、文化、卫生、体育事业、城乡建设事业和财政、民政、公安、民族事务、司法行政、计划生育等行政工作,发布决定和命令,任免、培训、考核和奖惩行政工作人员。”

第五十二条　监察委员会

宪法第三章“国家机构”中增加一节,作为第七节“监察委员会”;增加五条,分别作为第一百二十三条至第一百二十七条。内容如下:

第七节　监察委员会

第一百二十三条　中华人民共和国各级监察委员会是国家的监察机关。

第一百二十四条　中华人民共和国设立国家监察委员会和地方各级监察委员会。

监察委员会由下列人员组成:

主任,

副主任若干人,

委员若干人。

监察委员会主任每届任期同本级人民代表大会每届任期

相同。国家监察委员会主任连续任职不得超过两届。

监察委员会的组织和职权由法律规定。

第一百二十五条　中华人民共和国国家监察委员会是最高监察机关。

国家监察委员会领导地方各级监察委员会的工作,上级监察委员会领导下级监察委员会的工作。

第一百二十六条　国家监察委员会对全国人民代表大会和全国人民代表大会常务委员会负责。地方各级监察委员会对产生它的国家权力机关和上一级监察委员会负责。

第一百二十七条　监察委员会依照法律规定独立行使监察权,不受行政机关、社会团体和个人的干涉。

监察机关办理职务违法和职务犯罪案件,应当与审判机关、检察机关、执法部门互相配合,互相制约。

第七节相应改为第八节,第一百二十三条至第一百三十八条相应改为第一百二十八条至第一百四十三条。

附录一

全国人民代表大会常务委员会关于设立国家宪法日的决定

（2014 年 11 月 1 日第十二届全国人民代表大会常务委员会第十一次会议通过）

1982 年 12 月 4 日，第五届全国人民代表大会第五次会议通过了现行的《中华人民共和国宪法》。现行宪法是对 1954 年制定的新中国第一部宪法的继承和发展。宪法是国家的根本法，是治国安邦的总章程，具有最高的法律地位、法律权威、法律效力。全面贯彻实施宪法，是全面推进依法治国、建设社会主义法治国家的首要任务和基础性工作。全国各族人民、一切国家机关和武装力量、各政党和各社会团体、各企业事业组织，都必须以宪法为根本的活动准则，并且负有维护宪法尊严、保证宪法实施的职责。任何组织或者个人都不得有超越宪法和法律的特权，一切违反宪法和法律的行为都必须予以追究。为了增强全社会的宪法意识，弘扬宪法精神，加强宪法实施，全面推进依法治国，第十二届全国人民代表大会常务委员会第十一次会议决定：

将 12 月 4 日设立为国家宪法日。国家通过多种形式开展宪法宣传教育活动。

全国人民代表大会常务委员会关于实行宪法宣誓制度的决定

（2015年7月1日第十二届全国人民代表大会常务委员会第十五次会议通过　2018年2月24日第十二届全国人民代表大会常务委员会第三十三次会议修订）

宪法是国家的根本法，是治国安邦的总章程，具有最高的法律地位、法律权威、法律效力。国家工作人员必须树立宪法意识，恪守宪法原则，弘扬宪法精神，履行宪法使命。为彰显宪法权威，激励和教育国家工作人员忠于宪法、遵守宪法、维护宪法，加强宪法实施，全国人民代表大会常务委员会决定：

一、各级人民代表大会及县级以上各级人民代表大会常务委员会选举或者决定任命的国家工作人员，以及各级人民政府、监察委员会、人民法院、人民检察院任命的国家工作人员，在就职时应当公开进行宪法宣誓。

二、宣誓誓词如下：

我宣誓：忠于中华人民共和国宪法，维护宪法权威，履行法定职责，忠于祖国、忠于人民，恪尽职守、廉洁奉公，接受人民监督，为建设富强民主文明和谐美丽的社会主义现代化强国努力奋斗！

三、全国人民代表大会选举或者决定任命的中华人民共和国主席、副主席，全国人民代表大会常务委员会委员长、副委员长、秘书长、委员，国务院总理、副总理、国务委员、各部部长、各委员会主任、中国人民银行行长、审计长、秘书长，中华人民共和国中央军事委员会主席、副主席、委员，国家监察委员会主任，最高人民法院院长，最高人民检察院检察长，以及全国人民代表大会专门委员会主任委员、副主任委员、委员等，在依照法定程序产生后，进行宪法宣誓。宣誓仪式由全国人民代表大会会议主席团组织。

四、在全国人民代表大会闭会期间,全国人民代表大会常务委员会任命或者决定任命的全国人民代表大会专门委员会个别副主任委员、委员,国务院部长、委员会主任、中国人民银行行长、审计长、秘书长,中华人民共和国中央军事委员会副主席、委员,在依照法定程序产生后,进行宪法宣誓。宣誓仪式由全国人民代表大会常务委员会委员长会议组织。

五、全国人民代表大会常务委员会任命的全国人民代表大会常务委员会副秘书长,全国人民代表大会常务委员会工作委员会主任、副主任、委员,全国人民代表大会常务委员会代表资格审查委员会主任委员、副主任委员、委员等,在依照法定程序产生后,进行宪法宣誓。宣誓仪式由全国人民代表大会常务委员会委员长会议组织。

六、全国人民代表大会常务委员会任命或者决定任命的国家监察委员会副主任、委员,最高人民法院副院长、审判委员会委员、庭长、副庭长、审判员和军事法院院长,最高人民检察院副检察长、检察委员会委员、检察员和军事检察院检察长,中华人民共和国驻外全权代表,在依照法定程序产生后,进行宪法宣誓。宣誓仪式由国家监察委员会、最高人民法院、最高人民检察院、外交部分别组织。

七、国务院及其各部门、国家监察委员会、最高人民法院、最高人民检察院任命的国家工作人员,在就职时进行宪法宣誓。宣誓仪式由任命机关组织。

八、宣誓仪式根据情况,可以采取单独宣誓或者集体宣誓的形式。单独宣誓时,宣誓人应当左手抚按《中华人民共和国宪法》,右手举拳,诵读誓词。集体宣誓时,由一人领誓,领誓人左手抚按《中华人民共和国宪法》,右手举拳,领诵誓词;其他宣誓人整齐排列,右手举拳,跟诵誓词。

宣誓场所应当庄重、严肃,悬挂中华人民共和国国旗或者国徽。宣誓仪式应当奏唱中华人民共和国国歌。

负责组织宣誓仪式的机关,可以根据本决定并结合实际情况,对宣誓的具体事项作出规定。

九、地方各级人民代表大会及县级以上地方各级人民代表大会常务委员会选举或者决定任命的国家工作人员,以及地方各级人民政府、监察委员会、人民法院、人民检察院任命的国家工作人员,在依照法定程序产生后,进行宪法宣誓。宣誓的具体组织办法由省、自治区、直辖市人民代表大会常务委员会参照本决定制定，报全国人民代表大会常务委员会备案。

十、本决定自 2018 年 3 月 12 日起施行。

附录二

中华人民共和国全国人民代表大会和地方各级人民代表大会代表法

（1992年4月3日第七届全国人民代表大会第五次会议通过　根据2009年8月27日第十一届全国人民代表大会常务委员会第十次会议《关于修改部分法律的决定》第一次修正　根据2010年10月28日第十一届全国人民代表大会常务委员会第十七次会议《关于修改〈中华人民共和国全国人民代表大会和地方各级人民代表大会代表法〉的决定》第二次修正　根据2015年8月29日第十二届全国人民代表大会常务委员会第十六次会议《关于修改〈中华人民共和国地方各级人民代表大会和地方各级人民政府组织法〉、〈中华人民共和国全国人民代表大会和地方各级人民代表大会选举法〉、〈中华人民共和国全国人民代表大会和地方各级人民代表大会代表法〉的决定》第三次修正　根据2025年3月11日第十四届全国人民代表大会第三次会议《关于修改〈中华人民共和国全国人民代表大会和地方各级人民代表大会代表法〉的决定》第四次修正）

目　录

第一章 总 则

第一条 为保证全国人民代表大会和地方各级人民代表大会代表依法行使代表的职权，履行代表的义务，发挥代表作用，根据宪法，制定本法。

第二条 全国人民代表大会和地方各级人民代表大会代表依照法律规定选举产生。

全国人民代表大会代表是最高国家权力机关组成人员，地方各级人民代表大会代表是地方各级国家权力机关组成人员。

全国人民代表大会和地方各级人民代表大会代表每届任期五年，从每届本级人民代表大会举行第一次会议开始，到下届本级人民代表大会举行第一次会议为止。

第三条 全国人民代表大会和地方各级人民代表大会代表应当坚持中国共产党的领导，坚持以马克思列宁主义、毛泽东思想、邓小平理论、“三个代表”重要思想、科学发展观、习近平新时代中国特色社会主义思想为指导，坚定不移走中国特色社会主义政治发展道路，依照宪法和法律赋予本级人民代表大会的各项职权，遵循民主集中制原则，参加行使国家权力。

第四条 全国人民代表大会和地方各级人民代表大会代表应当以坚持好、完善好、运行好人民代表大会制度为己任，做到政治坚定、服务人民、尊崇法治、发扬民主、勤勉尽责，为各级人民代表大会及其常务委员会建设自觉坚持中国共产党领导的政治机关、保证人民当家作主的国家权力机关、全面担负宪法法律赋予的各项职责的工作机关、始终同人民群众保持密切联系的代表机关而积极履职。

第五条 全国人民代表大会和地方各级人民代表大会代表应当坚持以人民为中心，践行全过程人民民主，始终同人民群众保持密切联系，忠实代表人民的利益和意志，自觉接受人民监督。

第六条 全国人民代表大会和地方各级人民代表大会代表应当忠于宪法，弘扬宪法精神，维护宪法权威，维护社会主义法制的统一和尊严，为推进全面依法治国、建设更高水平的社会主义法治国家贡献力量。

第七条　代表享有下列权利:

(一)出席本级人民代表大会会议,参加审议各项议案、报告和其他议题,发表意见;

(二)依法联名提出议案、质询案、罢免案等;

(三)提出对各方面工作的建议、批评和意见;

(四)参加本级人民代表大会的各项选举;

(五)参加本级人民代表大会的各项表决;

(六)参加本级人民代表大会闭会期间统一组织的履职活动;

(七)获得依法履职所需的信息资料和各项保障;

(八)法律规定的其他权利。

第八条　代表应当履行下列义务:

(一)模范地遵守宪法和法律,保守国家秘密,在自己参加的生产、工作和社会活动中,协助宪法和法律的实施;

(二)按时出席本级人民代表大会会议,认真审议各项议案、报告和其他议题,发表意见,参加选举和表决,遵守会议纪律,做好会议期间的各项工作;

(三)带头宣传贯彻本级人民代表大会会议精神;

(四)积极参加统一组织的视察、专题调研、执法检查等履职活动;

(五)加强履职学习和调查研究,不断提高履职能力;

(六)与原选区选民或者原选举单位和人民群众保持密切联系,听取和反映他们的意见和要求,努力为人民服务;

(七)带头践行社会主义核心价值观,铸牢中华民族共同体意识,自觉遵守社会公德,廉洁自律,公道正派,勤勉尽责;

(八)法律规定的其他义务。

第九条　代表依照本法的规定在本级人民代表大会会议期间的工作和在本级人民代表大会闭会期间的活动,都是执行代表职务。

国家和社会为代表执行代表职务提供保障。

代表不脱离各自的生产和工作。代表出席本级人民代表大会会议,参加闭会期间统一组织的履职活动,应当安排好本人的生产和工作,优先执行代表职务。

第十条 代表受原选区选民或者原选举单位的监督。

第十一条 县级以上的各级人民代表大会常务委员会和乡、民族乡、镇的人民代表大会主席团应当密切同代表的联系,丰富代表联系人民群众的内容和形式,加强代表工作能力建设,支持和保障代表依法履职,充分发挥代表作用。

各级人民政府、监察委员会、人民法院、人民检察院应当加强同代表的联系,听取代表的意见和建议,加强和改进各方面工作。

第十二条 县级以上的各级人民代表大会常务委员会设立代表工作委员会,作为常务委员会的工作机构。

第二章 代表在本级人民代表大会会议期间的工作

第十三条 代表应当按时出席本级人民代表大会会议。代表因健康等特殊原因不能出席会议的,应当按照规定请假。

代表在出席本级人民代表大会会议前,应当通过多种方式听取人民群众的意见和要求,根据安排认真研读拟提请会议审议的议案和报告,为会议期间执行代表职务做好准备。

第十四条 县级以上的各级人民代表大会代表按照选举单位、行政区域等组成代表团。乡、民族乡、镇的人民代表大会代表根据实际需要,可以组成代表团。

代表根据大会主席团、代表团的组织和安排,参加大会全体会议、代表团全体会议、小组会议,审议列入会议议程的各项议案、报告和其他议题。

代表可以被推选或者受邀请列席主席团会议、专门委员会会议,发表意见。

代表应当围绕会议议题发表意见,遵守议事规则。

第十五条 代表有权依照法律规定的程序向本级人民代表大会提出属于本级人民代表大会职权范围内的议案。议案应当有案由、案据和方案。

代表依法提出的议案,由本级人民代表大会主席团决定是否列入会议议程,或者先交有关的专门委员会审议、提出是否列入会议议程的意见,再决定是否列入会议议程。

列入会议议程的议案,在交付大会表决前,提出议案的代表要求撤回的,经主席团同意,会议对该项议案的审议即行终止。

第十六条　全国人民代表大会代表,有权依照宪法规定的程序向全国人民代表大会提出修改宪法的议案。

第十七条　代表参加本级人民代表大会的各项选举。

全国人民代表大会代表有权对主席团提名的全国人民代表大会常务委员会组成人员的人选,中华人民共和国主席、副主席的人选,中央军事委员会主席的人选,国家监察委员会主任的人选,最高人民法院院长和最高人民检察院检察长的人选,全国人民代表大会各专门委员会的人选,提出意见。

县级以上的地方各级人民代表大会代表有权依照法律规定的程序提出本级人民代表大会常务委员会的组成人员、人民政府领导人员、监察委员会主任、人民法院院长、人民检察院检察长以及上一级人民代表大会代表的人选,并有权对本级人民代表大会主席团和代表依法提出的人选提出意见。

乡、民族乡、镇的人民代表大会代表有权依照法律规定的程序提出本级人民代表大会主席、副主席和人民政府领导人员的人选,并有权对本级人民代表大会主席团和代表依法提出的上述人员的人选提出意见。

各级人民代表大会代表有权对本级人民代表大会主席团的人选,提出意见。

代表对确定的候选人,可以投赞成票,可以投反对票,也可以投弃权票;表示反对的,可以另选他人。

第十八条　全国人民代表大会代表参加决定国务院组成人员和中央军事委员会副主席、委员的人选。

县级以上的各级人民代表大会代表参加表决通过本级人民代表大会各专门委员会组成人员的人选。

第十九条　代表在审议议案和报告时,可以向本级有关国家机关提出询问。有关国家机关应当派负责人或者负责人员回答询问。

第二十条　全国人民代表大会会议期间,一个代表团或者三十名以上的代表联名,有权书面提出对国务院和国务院各部门、国家监察委员会、最高人民法院、最高人民检察院的质询案。

县级以上的地方各级人民代表大会代表有权依照法律规定的程序提出

对本级人民政府及其所属各部门、监察委员会、人民法院、人民检察院的质询案。

乡、民族乡、镇的人民代表大会代表有权依照法律规定的程序提出对本级人民政府的质询案。

质询案应当写明质询对象、质询的问题和内容。

质询案按照主席团的决定由受质询机关答复。提出质询案的代表半数以上对答复不满意的,可以要求受质询机关再作答复。

第二十一条 全国人民代表大会代表有权依照法律规定的程序提出对全国人民代表大会常务委员会组成人员,中华人民共和国主席、副主席,国务院组成人员,中央军事委员会组成人员,国家监察委员会主任,最高人民法院院长,最高人民检察院检察长的罢免案。

县级以上的地方各级人民代表大会代表有权依照法律规定的程序提出对本级人民代表大会常务委员会组成人员,人民政府组成人员,监察委员会主任,人民法院院长,人民检察院检察长的罢免案。

乡、民族乡、镇的人民代表大会代表有权依照法律规定的程序提出对本级人民代表大会主席、副主席和人民政府领导人员的罢免案。

罢免案应当写明罢免的理由。

第二十二条 县级以上的各级人民代表大会代表有权依法提议组织关于特定问题的调查委员会。

第二十三条 代表参加本级人民代表大会表决,可以表示赞成,可以表示反对,也可以表示弃权。

第二十四条 代表有权向本级人民代表大会提出对各方面工作的建议、批评和意见。建议、批评和意见应当明确具体,注重反映实际情况和问题。

第三章 代表在本级人民代表大会闭会期间的活动

第二十五条 县级以上的各级人民代表大会常务委员会组织本级人民代表大会代表开展闭会期间的活动。

县级以上的地方各级人民代表大会常务委员会受上一级人民代表大会

常务委员会的委托,组织本级人民代表大会选举产生的上一级人民代表大会代表开展闭会期间的活动。

乡、民族乡、镇的人民代表大会主席、副主席根据主席团的安排,组织本级人民代表大会代表开展闭会期间的活动。

第二十六条　代表在闭会期间的活动以集体活动为主,以代表小组活动为基本形式。代表可以通过多种方式听取、反映原选区选民或者原选举单位的意见和要求。

第二十七条　县级以上的各级人民代表大会代表,在本级或者下级人民代表大会常务委员会协助下,可以按照便于组织和开展活动的原则,根据地域、领域等组成代表小组。

县级以上的各级人民代表大会代表,可以参加下级人民代表大会代表的代表小组活动。

第二十八条　县级以上的地方各级人民代表大会常务委员会和乡、民族乡、镇的人民代表大会主席团按照就地就近的原则,定期组织和协助本行政区域内的代表开展联系人民群众的活动,听取和反映人民群众的意见和要求。

第二十九条　县级以上的各级人民代表大会代表根据本级人民代表大会常务委员会的安排,对本级或者下级国家机关和有关单位的工作进行视察。乡、民族乡、镇的人民代表大会代表根据本级人民代表大会主席团的安排,对本级人民政府和有关单位的工作进行视察。根据安排,设区的市级以上的各级人民代表大会代表也可以在本行政区域内跨原选举单位进行视察。

代表按前款规定进行视察,可以提出约见本级或者下级有关国家机关负责人。被约见的有关国家机关负责人或者由他委托的负责人员应当听取代表的建议、批评和意见。

代表可以持代表证就地进行视察。县级以上的地方各级人民代表大会常务委员会或者乡、民族乡、镇的人民代表大会主席团根据代表的要求,联系安排本级或者上级的代表持代表证就地进行视察。

第三十条　代表根据本级人民代表大会常务委员会或者乡、民族乡、镇的人民代表大会主席团的安排,围绕经济社会发展和关系人民群众切身利益、社会普遍关注的重大问题、重大事项,以及本级人民代表大会常务委员会重点工作,开展专题调研。根据安排,设区的市级以上的各级人民代表大会代表也可以在本行政区域内跨原选举单位开展专题调研。

第三十一条 代表参加视察、专题调研活动形成的报告,由本级人民代表大会常务委员会办事机构、工作机构或者乡、民族乡、镇的人民代表大会主席团转交有关机关、组织。有关机关、组织对报告中提出的意见和建议的研究处理情况应当及时向代表反馈。

代表参加视察、专题调研活动时,可以向有关机关、组织提出建议、批评和意见,但不直接处理问题。

第三十二条 代表有权依照法律规定的程序提议临时召集本级人民代表大会会议。

第三十三条 县级以上的各级人民代表大会代表可以应邀列席本级人民代表大会常务委员会会议、本级人民代表大会各专门委员会会议,并可以应邀参加本级人民代表大会常务委员会、各专门委员会和常务委员会办事机构、工作机构组织的有关会议;根据安排参加本级人民代表大会常务委员会组织的执法检查、专题询问和其他活动。

乡、民族乡、镇的人民代表大会代表参加本级人民代表大会主席团组织的执法检查和其他活动。

第三十四条 全国人民代表大会代表,省、自治区、直辖市、自治州、设区的市的人民代表大会代表可以列席原选举单位的人民代表大会会议,并可以应邀列席原选举单位的人民代表大会常务委员会会议。

县、自治县、不设区的市、市辖区的人民代表大会代表可以列席原选区所在的乡、民族乡、镇的人民代表大会会议。

第三十五条 县级以上的各级人民代表大会代表根据本级人民代表大会或者本级人民代表大会常务委员会的决定,参加关于特定问题的调查委员会。

第三十六条 代表在本级人民代表大会闭会期间,有权向本级人民代表大会常务委员会或者乡、民族乡、镇的人民代表大会主席团提出对各方面工作的建议、批评和意见。建议、批评和意见应当明确具体,注重反映实际情况和问题。

第三十七条 乡、民族乡、镇的人民代表大会代表在本级人民代表大会闭会期间,根据统一安排,开展调研等活动;组成代表小组,分工联系选民,反映人民群众的意见和要求。

第四章 代表执行职务的保障

第三十八条 代表在人民代表大会各种会议上的发言和表决,不受法律追究。

第三十九条 县级以上的各级人民代表大会代表,非经本级人民代表大会主席团许可,在本级人民代表大会闭会期间,非经本级人民代表大会常务委员会许可,不受逮捕或者刑事审判。如果因为是现行犯被拘留,执行拘留的机关应当立即向该级人民代表大会主席团或者人民代表大会常务委员会报告。

对县级以上的各级人民代表大会代表,如果采取法律规定的其他限制人身自由的措施,应当经该级人民代表大会主席团或者人民代表大会常务委员会许可。

人民代表大会主席团或者常务委员会受理有关机关依照本条规定提请许可的申请,应当审查是否存在对代表在人民代表大会各种会议上的发言和表决进行法律追究,或者对代表提出建议、批评和意见等其他执行职务行为打击报复的情形,并据此作出决定。

乡、民族乡、镇的人民代表大会代表,如果被逮捕、受刑事审判、或者被采取法律规定的其他限制人身自由的措施,执行机关应当立即报告乡、民族乡、镇的人民代表大会。

第四十条 代表在本级人民代表大会闭会期间,参加统一组织和安排的代表履职活动,代表所在单位必须给予时间保障。

第四十一条 代表依法执行代表职务,其所在单位按正常出勤对待,享受所在单位的工资和其他待遇。

无固定工资收入的代表依法执行代表职务,根据实际情况由本级财政给予适当补贴。

代表依法执行代表职务,国家根据需要给予往返的旅费和必要的物质上的便利或者补贴。

第四十二条 代表的活动经费,应当列入本级财政预算予以保障,专款专用。

第四十三条 县级以上的各级人民代表大会常务委员会制定年度代表工作计划,依法统筹组织和安排代表履职活动,增强代表履职活动的计划性、组织性和规范性。

年度代表工作计划由委员长会议或者主任会议通过,向本级人民代表大会代表通报,并向社会公布。

第四十四条 县级以上的各级人民代表大会常务委员会应当采取多种方式同本级人民代表大会代表保持联系,建立健全常务委员会组成人员、各专门委员会和常务委员会办事机构、工作机构联系代表的工作机制,扩大代表对立法、监督等各项工作的参与。

乡、民族乡、镇的人民代表大会主席、副主席在本级人民代表大会闭会期间负责联系本级人民代表大会代表。

第四十五条 县级以上的地方各级人民代表大会常务委员会应当加强同本行政区域内的代表的联系,为代表依法履职提供必要的条件。

县级以上的各级人民代表大会常务委员会可以运用现代信息技术,建立健全代表履职网络平台,为代表依法履职、加强履职学习培训等提供便利和服务。

第四十六条 县级以上的各级人民代表大会常务委员会和各级人民政府及其所属各部门、监察委员会、人民法院、人民检察院,应当及时向本级人民代表大会代表通报工作情况,提供信息资料,保障代表的知情权。

各级人民政府及其所属各部门、监察委员会、人民法院、人民检察院,根据本级人民代表大会常务委员会的统筹安排,邀请代表参与相关工作和活动,听取代表的意见和建议。

第四十七条 县级以上的各级人民代表大会常务委员会应当有计划地组织代表参加履职学习培训和交流,提高代表履职能力。

代表应当学习贯彻中国共产党的理论和路线、方针、政策,熟悉宪法和人民代表大会制度,掌握履职所需的法律知识和其他专业知识。

乡、民族乡、镇的人民代表大会代表应当参加上级人民代表大会常务委员会和乡、民族乡、镇的人民代表大会主席团组织的代表履职学习培训。

第四十八条 县级以上的各级人民代表大会常务委员会的办事机构和工作机构是代表执行代表职务的集体服务机构,为代表执行代表职务提供服务保障。

第四十九条　为了便于代表执行代表职务，各级人民代表大会应当为本级人民代表大会代表制发代表证。

第五十条　县级以上的各级人民代表大会专门委员会审议本级人民代表大会主席团交付的代表议案，应当与代表联系沟通，充分听取意见，并及时通报情况。

第五十一条　代表对各方面工作提出的建议、批评和意见，由本级人民代表大会常务委员会办事机构、工作机构或者乡、民族乡、镇的人民代表大会主席团交有关机关、组织研究办理。

有关机关、组织应当认真研究办理代表建议、批评和意见，与代表联系沟通，充分听取意见，并自交办之日起三个月内答复。涉及面广、处理难度大的建议、批评和意见，应当自交办之日起六个月内答复。

代表建议、批评和意见的办理情况，由常务委员会办事机构、工作机构或者有关机关、组织向本级人民代表大会常务委员会报告，并印发下一次人民代表大会会议；或者由乡、民族乡、镇的人民代表大会主席团或者有关机关、组织向乡、民族乡、镇的人民代表大会报告。代表建议、批评和意见办理情况的报告，应当予以公开。

第五十二条　县级以上的各级人民代表大会有关专门委员会和常务委员会办事机构、工作机构，乡、民族乡、镇的人民代表大会主席团，应当加强对代表建议、批评和意见的督促办理。

委员长会议或者主任会议可以围绕经济社会发展和关系人民群众切身利益、社会普遍关注的问题，确定重点督促办理的代表建议、批评和意见。

第五十三条　少数民族代表执行代表职务时，有关部门应当在语言文字、生活习惯等方面给予必要的帮助和照顾。

第五十四条　身体残疾或者其他行动不便的代表执行代表职务时，有关部门应当根据需要给予必要的帮助和照顾。

第五十五条　一切组织和个人都必须尊重代表的权利，支持代表执行代表职务。

有义务协助代表执行代表职务而拒绝履行义务的，有关单位应当予以批评教育，直至给予处分。

阻碍代表依法执行代表职务的，根据情节，由所在单位或者有关机关给予处分，或者适用《中华人民共和国治安管理处罚法》的有关规定给予处罚；

以暴力、威胁方法阻碍代表依法执行代表职务的，依照刑法有关规定追究刑事责任。

对代表依法执行代表职务进行打击报复的，由所在单位或者有关机关责令改正或者给予处分；国家工作人员进行打击报复构成犯罪的，依照刑法有关规定追究刑事责任。

第五十六条　县级以上的各级人民代表大会常务委员会和乡、民族乡、镇的人民代表大会主席团应当通过多种方式宣传代表依法履职、发挥作用的典型事迹，展现代表践行全过程人民民主的生动实践。

第五章　对代表的监督

第五十七条　代表应当坚定政治立场，履行政治责任，加强思想作风建设，自觉接受监督，自觉维护代表形象。

第五十八条　代表应当采取多种方式经常听取人民群众对代表履职的意见，回答原选区选民或者原选举单位对代表工作和代表活动的询问，接受监督。

代表应当以多种方式向原选区选民或者原选举单位报告履职情况。县级以上的地方各级人民代表大会常务委员会和乡、民族乡、镇的人民代表大会主席团应当记录代表履职情况，定期组织本级人民代表大会代表向原选区选民或者原选举单位报告履职情况，并公示代表基本信息和履职信息。

第五十九条　代表应当正确处理从事个人职业活动与执行代表职务的关系，不得利用执行代表职务干预具体执法、司法案件，插手招标投标等经济活动或者变相从事商业活动牟取个人利益。

第六十条　选民或者选举单位有权依法罢免自己选出的代表。被提出罢免的代表有权出席罢免该代表的会议提出申辩意见，或者书面提出申辩意见。

第六十一条　代表有下列情形之一的，暂时停止执行代表职务，由代表资格审查委员会向本级人民代表大会常务委员会或者乡、民族乡、镇的人民代表大会报告：

（一）因刑事案件被羁押正在受侦查、起诉、审判的；

（二）被依法判处管制、拘役或者有期徒刑而没有附加剥夺政治权利，正在服刑的。

前款所列情形在代表任期内消失后,恢复其执行代表职务,但代表资格终止者除外。

第六十二条　代表有下列情形之一的,其代表资格终止:

(一)地方各级人民代表大会代表迁出或者调离本行政区域的;

(二)辞职或者责令辞职被接受的;

(三)未经批准两次不出席本级人民代表大会会议的;

(四)被罢免的;

(五)丧失中华人民共和国国籍的;

(六)依照法律被剥夺政治权利的;

(七)丧失行为能力的。

代表去世的,其代表资格自然终止。

第六十三条　县级以上的各级人民代表大会代表资格的终止,由代表资格审查委员会报本级人民代表大会常务委员会,由本级人民代表大会常务委员会予以公告。

乡、民族乡、镇的人民代表大会代表资格的终止,由代表资格审查委员会报本级人民代表大会,由本级人民代表大会予以公告。

第六章　附　　则

第六十四条　省、自治区、直辖市的人民代表大会及其常务委员会可以根据本法和本行政区域的实际情况,制定实施办法。

第六十五条　本法自公布之日起施行。

中华人民共和国全国人民代表大会和地方各级人民代表大会选举法

（1979年7月1日第五届全国人民代表大会第二次会议通过　根据1982年12月10日第五届全国人民代表大会第五次会议《关于修改〈中华人民共和国全国人民代表大会和地方各级人民代表大会选举法〉的若干规定的决议》第一次修正　根据1986年12月2日第六届全国人民代表大会常务委员会第十八次会议《关于修改〈中华人民共和国全国人民代表大会和地方各级人民代表大会选举法〉的决定》第二次修正　根据1995年2月28日第八届全国人民代表大会常务委员会第十二次会议《关于修改〈中华人民共和国全国人民代表大会和地方各级人民代表大会选举法〉的决定》第三次修正　根据2004年10月27日第十届全国人民代表大会常务委员会第十二次会议《关于修改〈中华人民共和国全国人民代表大会和地方各级人民代表大会选举法〉的决定》第四次修正　根据2010年3月14日第十一届全国人民代表大会第三次会议《关于修改〈中华人民共和国全国人民代表大会和地方各级人民代表大会选举法〉的决定》第五次修正　根据2015年8月29日第十二届全国人民代表大会常务委员会第十六次会议《关于修改〈中华人民共和国地方各级人民代表大会和地方各级人民政府组织法〉、〈中华人民共和国全国人民代表大会和地方各级人民代表大会选举法〉、〈中华人民共和国全国人民代表大会和地方各级人民代表大会代表法〉的决定》第六次修正　根据2020年10月17日第十三届全国人民代表大会常务委员会第二十二次会议《关于修改〈中华人民共和国全国人民代表大会和地方各级人民代表大会选举法〉的决定》第七次修正）

目　　录

第一章　总　　则

第一条　根据中华人民共和国宪法,制定全国人民代表大会和地方各级人民代表大会选举法。

第二条　全国人民代表大会和地方各级人民代表大会代表的选举工作,坚持中国共产党的领导,坚持充分发扬民主,坚持严格依法办事。

第三条　全国人民代表大会的代表,省、自治区、直辖市、设区的市、自治州的人民代表大会的代表,由下一级人民代表大会选举。

不设区的市、市辖区、县、自治县、乡、民族乡、镇的人民代表大会的代表,由选民直接选举。

第四条　中华人民共和国年满十八周岁的公民,不分民族、种族、性别、职业、家庭出身、宗教信仰、教育程度、财产状况和居住期限,都有选举权和被选举权。

依照法律被剥夺政治权利的人没有选举权和被选举权。

第五条　每一选民在一次选举中只有一个投票权。

第六条　人民解放军单独进行选举,选举办法另订。

第七条　全国人民代表大会和地方各级人民代表大会的代表应当具有广泛的代表性,应当有适当数量的基层代表,特别是工人、农民和知识分子代表;应当有适当数量的妇女代表,并逐步提高妇女代表的比例。

全国人民代表大会和归侨人数较多地区的地方人民代表大会,应当有适当名额的归侨代表。

旅居国外的中华人民共和国公民在县级以下人民代表大会代表选举期间在国内的,可以参加原籍地或者出国前居住地的选举。

第八条　全国人民代表大会和地方各级人民代表大会的选举经费,列入财政预算,由国库开支。

第二章　选举机构

第九条　全国人民代表大会常务委员会主持全国人民代表大会代表的选举。省、自治区、直辖市、设区的市、自治州的人民代表大会常务委员会主持本级人民代表大会代表的选举。

不设区的市、市辖区、县、自治县、乡、民族乡、镇设立选举委员会,主持本级人民代表大会代表的选举。不设区的市、市辖区、县、自治县的选举委员会受本级人民代表大会常务委员会的领导。乡、民族乡、镇的选举委员会受不设区的市、市辖区、县、自治县的人民代表大会常务委员会的领导。

省、自治区、直辖市、设区的市、自治州的人民代表大会常务委员会指导本行政区域内县级以下人民代表大会代表的选举工作。

第十条　不设区的市、市辖区、县、自治县的选举委员会的组成人员由本级人民代表大会常务委员会任命。乡、民族乡、镇的选举委员会的组成人员由不设区的市、市辖区、县、自治县的人民代表大会常务委员会任命。

选举委员会的组成人员为代表候选人的,应当辞去选举委员会的职务。

第十一条　选举委员会履行下列职责:

(一)划分选举本级人民代表大会代表的选区,分配各选区应选代表的名额;

(二)进行选民登记,审查选民资格,公布选民名单;受理对于选民名单

不同意见的申诉,并作出决定;

(三)确定选举日期;

(四)了解核实并组织介绍代表候选人的情况;根据较多数选民的意见,确定和公布正式代表候选人名单;

(五)主持投票选举;

(六)确定选举结果是否有效,公布当选代表名单;

(七)法律规定的其他职责。

选举委员会应当及时公布选举信息。

第三章　地方各级人民代表大会代表名额

第十二条　地方各级人民代表大会的代表名额,按照下列规定确定:

(一)省、自治区、直辖市的代表名额基数为三百五十名,省、自治区每十五万人可以增加一名代表,直辖市每二万五千人可以增加一名代表;但是,代表总名额不得超过一千名;

(二)设区的市、自治州的代表名额基数为二百四十名,每二万五千人可以增加一名代表;人口超过一千万的,代表总名额不得超过六百五十名;

(三)不设区的市、市辖区、县、自治县的代表名额基数为一百四十名,每五千人可以增加一名代表;人口超过一百五十五万的,代表总名额不得超过四百五十名;人口不足五万的,代表总名额可以少于一百四十名;

(四)乡、民族乡、镇的代表名额基数为四十五名,每一千五百人可以增加一名代表;但是,代表总名额不得超过一百六十名;人口不足二千的,代表总名额可以少于四十五名。

按照前款规定的地方各级人民代表大会的代表名额基数与按人口数增加的代表数相加,即为地方各级人民代表大会的代表总名额。

自治区、聚居的少数民族多的省,经全国人民代表大会常务委员会决定,代表名额可以另加百分之五。聚居的少数民族多或者人口居住分散的县、自治县、乡、民族乡,经省、自治区、直辖市的人民代表大会常务委员会决定,代表名额可以另加百分之五。

第十三条　省、自治区、直辖市的人民代表大会代表的具体名额,由全国人民代表大会常务委员会依照本法确定。设区的市、自治州和县级的人民代表大会代表的具体名额，由省、自治区、直辖市的人民代表大会常务委员会依照本法确定，报全国人民代表大会常务委员会备案。乡级的人民代表大会代表的具体名额，由县级的人民代表大会常务委员会依照本法确定，报上一级人民代表大会常务委员会备案。

第十四条 地方各级人民代表大会的代表总名额经确定后，不再变动。如果由于行政区划变动或者由于重大工程建设等原因造成人口较大变动的，该级人民代表大会的代表总名额依照本法的规定重新确定。

依照前款规定重新确定代表名额的，省、自治区、直辖市的人民代表大会常务委员会应当在三十日内将重新确定代表名额的情况报全国人民代表大会常务委员会备案。

第十五条 地方各级人民代表大会代表名额，由本级人民代表大会常务委员会或者本级选举委员会根据本行政区域所辖的下一级各行政区域或者各选区的人口数，按照每一代表所代表的城乡人口数相同的原则，以及保证各地区、各民族、各方面都有适当数量代表的要求进行分配。在县、自治县的人民代表大会中，人口特少的乡、民族乡、镇，至少应有代表一人。

地方各级人民代表大会代表名额的分配办法，由省、自治区、直辖市人民代表大会常务委员会参照全国人民代表大会代表名额分配的办法，结合本地区的具体情况规定。

第四章 全国人民代表大会代表名额

第十六条 全国人民代表大会的代表，由省、自治区、直辖市的人民代表大会和人民解放军选举产生。

全国人民代表大会代表的名额不超过三千人。

香港特别行政区、澳门特别行政区应选全国人民代表大会代表的名额和代表产生办法，由全国人民代表大会另行规定。

第十七条 全国人民代表大会代表名额，由全国人民代表大会常务委员会根据各省、自治区、直辖市的人口数，按照每一代表所代表的城乡人口数相同的原则，以及保证各地区、各民族、各方面都有适当数量代表的要求进行分配。

省、自治区、直辖市应选全国人民代表大会代表名额，由根据人口数计算确定的名额数、相同的地区基本名额数和其他应选名额数构成。

全国人民代表大会代表名额的具体分配,由全国人民代表大会常务委员会决定。

第十八条 全国少数民族应选全国人民代表大会代表,由全国人民代表大会常务委员会参照各少数民族的人口数和分布等情况,分配给各省、自治区、直辖市的人民代表大会选出。人口特少的民族,至少应有代表一人。

第五章 各少数民族的选举

第十九条 有少数民族聚居的地方,每一聚居的少数民族都应有代表参加当地的人民代表大会。

聚居境内同一少数民族的总人口数占境内总人口数百分之三十以上的,每一代表所代表的人口数应相当于当地人民代表大会每一代表所代表的人口数。

聚居境内同一少数民族的总人口数不足境内总人口数百分之十五的,每一代表所代表的人口数可以适当少于当地人民代表大会每一代表所代表的人口数,但不得少于二分之一;实行区域自治的民族人口特少的自治县,经省、自治区的人民代表大会常务委员会决定,可以少于二分之一。人口特少的其他聚居民族,至少应有代表一人。

聚居境内同一少数民族的总人口数占境内总人口数百分之十五以上、不足百分之三十的,每一代表所代表的人口数,可以适当少于当地人民代表大会每一代表所代表的人口数,但分配给该少数民族的应选代表名额不得超过代表总名额的百分之三十。

第二十条 自治区、自治州、自治县和有少数民族聚居的乡、民族乡、镇的人民代表大会,对于聚居在境内的其他少数民族和汉族代表的选举,适用本法第十九条的规定。

第二十一条 散居的少数民族应选当地人民代表大会的代表,每一代表所代表的人口数可以少于当地人民代表大会每一代表所代表的人口数。

自治区、自治州、自治县和有少数民族聚居的乡、民族乡、镇的人民代表大会,对于散居的其他少数民族和汉族代表的选举,适用前款的规定。

第二十二条 有少数民族聚居的不设区的市、市辖区、县、乡、民族乡、镇的人民代表大会代表的产生,按照当地的民族关系和居住状况,各少数民族选民可以单独选举或者联合选举。

自治县和有少数民族聚居的乡、民族乡、镇的人民代表大会，对于居住在境内的其他少数民族和汉族代表的选举办法，适用前款的规定。

第二十三条 自治区、自治州、自治县制定或者公布的选举文件、选民名单、选民证、代表候选人名单、代表当选证书和选举委员会的印章等，都应当同时使用当地通用的民族文字。

第二十四条 少数民族选举的其他事项，参照本法有关各条的规定办理。

第六章 选区划分

第二十五条 不设区的市、市辖区、县、自治县、乡、民族乡、镇的人民代表大会的代表名额分配到选区，按选区进行选举。选区可以按居住状况划分，也可以按生产单位、事业单位、工作单位划分。

选区的大小，按照每一选区选一名至三名代表划分。

第二十六条 本行政区域内各选区每一代表所代表的人口数应当大体相等。

第七章 选民登记

第二十七条 选民登记按选区进行，经登记确认的选民资格长期有效。每次选举前对上次选民登记以后新满十八周岁的、被剥夺政治权利期满后恢复政治权利的选民，予以登记。对选民经登记后迁出原选区的，列入新迁入的选区的选民名单；对死亡的和依照法律被剥夺政治权利的人，从选民名单上除名。

精神病患者不能行使选举权利的，经选举委员会确认，不列入选民名单。

第二十八条 选民名单应在选举日的二十日以前公布，实行凭选民证参加投票选举的，并应当发给选民证。

第二十九条 对于公布的选民名单有不同意见的，可以在选民名单公布之日起五日内向选举委员会提出申诉。选举委员会对申诉意见，应在三日内作出处理决定。申诉人如果对处理决定不服，可以在选举日的五日以前向人民法院起诉,人民法院应在选举日以前作出判决。人民法院的判决为最后决定。

第八章　代表候选人的提出

第三十条　全国和地方各级人民代表大会的代表候选人,按选区或者选举单位提名产生。

各政党、各人民团体,可以联合或者单独推荐代表候选人。选民或者代表,十人以上联名,也可以推荐代表候选人。推荐者应向选举委员会或者大会主席团介绍代表候选人的情况。接受推荐的代表候选人应当向选举委员会或者大会主席团如实提供个人身份、简历等基本情况。提供的基本情况不实的,选举委员会或者大会主席团应当向选民或者代表通报。

各政党、各人民团体联合或者单独推荐的代表候选人的人数,每一选民或者代表参加联名推荐的代表候选人的人数,均不得超过本选区或者选举单位应选代表的名额。

第三十一条　全国和地方各级人民代表大会代表实行差额选举,代表候选人的人数应多于应选代表的名额。

由选民直接选举人民代表大会代表的,代表候选人的人数应多于应选代表名额三分之一至一倍;由县级以上的地方各级人民代表大会选举上一级人民代表大会代表的,代表候选人的人数应多于应选代表名额五分之一至二分之一。

第三十二条　由选民直接选举人民代表大会代表的,代表候选人由各选区选民和各政党、各人民团体提名推荐。选举委员会汇总后,将代表候选人名单及代表候选人的基本情况在选举日的十五日以前公布,并交各该选区的选民小组讨论、协商,确定正式代表候选人名单。如果所提代表候选人的人数超过本法第三十一条规定的最高差额比例,由选举委员会交各该选区的选民小组讨论、协商,根据较多数选民的意见,确定正式代表候选人名单;对正式代表候选人不能形成较为一致意见的,进行预选,根据预选时得票多少的顺序,确定正式代表候选人名单。正式代表候选人名单及代表候选人的基本情况应当在选举日的七日以前公布。

县级以上的地方各级人民代表大会在选举上一级人民代表大会代表时,

提名、酝酿代表候选人的时间不得少于两天。各该级人民代表大会主席团将依法提出的代表候选人名单及代表候选人的基本情况印发全体代表，由全体代表酝酿、讨论。如果所提代表候选人的人数符合本法第三十一条规定的差额比例，直接进行投票选举。如果所提代表候选人的人数超过本法第三十一条规定的最高差额比例，进行预选，根据预选时得票多少的顺序，按照本级人民代表大会的选举办法根据本法确定的具体差额比例，确定正式代表候选人名单，进行投票选举。

第三十三条 县级以上的地方各级人民代表大会在选举上一级人民代表大会代表时，代表候选人不限于各该级人民代表大会的代表。

第三十四条 选举委员会或者人民代表大会主席团应当向选民或者代表介绍代表候选人的情况。推荐代表候选人的政党、人民团体和选民、代表可以在选民小组或者代表小组会议上介绍所推荐的代表候选人的情况。选举委员会根据选民的要求，应当组织代表候选人与选民见面，由代表候选人介绍本人的情况，回答选民的问题。但是，在选举日必须停止代表候选人的介绍。

第三十五条 公民参加各级人民代表大会代表的选举，不得直接或者间接接受境外机构、组织、个人提供的与选举有关的任何形式的资助。

违反前款规定的，不列入代表候选人名单；已经列入代表候选人名单的，从名单中除名；已经当选的，其当选无效。

第九章 选举程序

第三十六条 全国人民代表大会和地方各级人民代表大会代表的选举，应当严格依照法定程序进行，并接受监督。任何组织或者个人都不得以任何方式干预选民或者代表自由行使选举权。

第三十七条 在选民直接选举人民代表大会代表时，选民根据选举委员会的规定，凭身份证或者选民证领取选票。

第三十八条 选举委员会应当根据各选区选民分布状况，按照方便选民投票的原则设立投票站，进行选举。选民居住比较集中的，可以召开选举大会，进行选举；因患有疾病等原因行动不便或者居住分散并且交通不便的选民，可以在流动票箱投票。

第三十九条 县级以上的地方各级人民代表大会在选举上一级人民代

表大会代表时,由各该级人民代表大会主席团主持。

第四十条　全国和地方各级人民代表大会代表的选举,一律采用无记名投票的方法。选举时应当设有秘密写票处。

选民如果是文盲或者因残疾不能写选票的,可以委托他信任的人代写。

第四十一条　选举人对于代表候选人可以投赞成票,可以投反对票,可以另选其他任何选民,也可以弃权。

第四十二条　选民如果在选举期间外出,经选举委员会同意,可以书面委托其他选民代为投票。每一选民接受的委托不得超过三人,并应当按照委托人的意愿代为投票。

第四十三条　投票结束后,由选民或者代表推选的监票、计票人员和选举委员会或者人民代表大会主席团的人员将投票人数和票数加以核对,作出记录,并由监票人签字。

代表候选人的近亲属不得担任监票人、计票人。

第四十四条　每次选举所投的票数,多于投票人数的无效,等于或者少于投票人数的有效。

每一选票所选的人数,多于规定应选代表人数的作废,等于或者少于规定应选代表人数的有效。

第四十五条　在选民直接选举人民代表大会代表时,选区全体选民的过半数参加投票,选举有效。代表候选人获得参加投票的选民过半数的选票时,始得当选。

县级以上的地方各级人民代表大会在选举上一级人民代表大会代表时,代表候选人获得全体代表过半数的选票时,始得当选。

获得过半数选票的代表候选人的人数超过应选代表名额时,以得票多的当选。如遇票数相等不能确定当选人时,应当就票数相等的候选人再次投票,以得票多的当选。

获得过半数选票的当选代表的人数少于应选代表的名额时,不足的名额另行选举。另行选举时,根据在第一次投票时得票多少的顺序,按照本法第三十一条规定的差额比例,确定候选人名单。如果只选一人,候选人应为二人。

依照前款规定另行选举县级和乡级的人民代表大会代表时,代表候选人以得票多的当选,但是得票数不得少于选票的三分之一;县级以上的地方各级人民代表大会在另行选举上一级人民代表大会代表时，代表候选人获得全体代表过半数的选票，始得当选。

第四十六条　选举结果由选举委员会或者人民代表大会主席团根据本法确定是否有效，并予以宣布。

当选代表名单由选举委员会或者人民代表大会主席团予以公布。

第四十七条　代表资格审查委员会依法对当选代表是否符合宪法、法律规定的代表的基本条件，选举是否符合法律规定的程序，以及是否存在破坏选举和其他当选无效的违法行为进行审查，提出代表当选是否有效的意见，向本级人民代表大会常务委员会或者乡、民族乡、镇的人民代表大会主席团报告。

县级以上的各级人民代表大会常务委员会或者乡、民族乡、镇的人民代表大会主席团根据代表资格审查委员会提出的报告，确认代表的资格或者确定代表的当选无效，在每届人民代表大会第一次会议前公布代表名单。

第四十八条　公民不得同时担任两个以上无隶属关系的行政区域的人民代表大会代表。

第十章　对代表的监督和罢免、辞职、补选

第四十九条　全国和地方各级人民代表大会的代表，受选民和原选举单位的监督。选民或者选举单位都有权罢免自己选出的代表。

第五十条　对于县级的人民代表大会代表，原选区选民五十人以上联名，对于乡级的人民代表大会代表，原选区选民三十人以上联名，可以向县级的人民代表大会常务委员会书面提出罢免要求。

罢免要求应当写明罢免理由。被提出罢免的代表有权在选民会议上提出申辩意见，也可以书面提出申辩意见。

县级的人民代表大会常务委员会应当将罢免要求和被提出罢免的代表的书面申辩意见印发原选区选民。

表决罢免要求，由县级的人民代表大会常务委员会派有关负责人员主持。

第五十一条　县级以上的地方各级人民代表大会举行会议的时候，主席团或者十分之一以上代表联名，可以提出对由该级人民代表大会选出的上一级人民代表大会代表的罢免案。在人民代表大会闭会期间，县级以上的地方

各级人民代表大会常务委员会主任会议或者常务委员会五分之一以上组成人员联名,可以向常务委员会提出对由该级人民代表大会选出的上一级人民代表大会代表的罢免案。罢免案应当写明罢免理由。

县级以上的地方各级人民代表大会举行会议的时候,被提出罢免的代表有权在主席团会议和大会全体会议上提出申辩意见,或者书面提出申辩意见,由主席团印发会议。罢免案经会议审议后,由主席团提请全体会议表决。

县级以上的地方各级人民代表大会常务委员会举行会议的时候,被提出罢免的代表有权在主任会议和常务委员会全体会议上提出申辩意见,或者书面提出申辩意见,由主任会议印发会议。罢免案经会议审议后,由主任会议提请全体会议表决。

第五十二条　罢免代表采用无记名的表决方式。

第五十三条　罢免县级和乡级的人民代表大会代表,须经原选区过半数的选民通过。

罢免由县级以上的地方各级人民代表大会选出的代表,须经各该级人民代表大会过半数的代表通过;在代表大会闭会期间,须经常务委员会组成人员的过半数通过。罢免的决议,须报送上一级人民代表大会常务委员会备案、公告。

第五十四条　县级以上的各级人民代表大会常务委员会组成人员,县级以上的各级人民代表大会专门委员会成员的代表职务被罢免的,其常务委员会组成人员或者专门委员会成员的职务相应撤销,由主席团或者常务委员会予以公告。

乡、民族乡、镇的人民代表大会主席、副主席的代表职务被罢免的,其主席、副主席的职务相应撤销,由主席团予以公告。

第五十五条　全国人民代表大会代表,省、自治区、直辖市、设区的市、自治州的人民代表大会代表,可以向选举他的人民代表大会的常务委员会书面提出辞职。常务委员会接受辞职,须经常务委员会组成人员的过半数通过。接受辞职的决议,须报送上一级人民代表大会常务委员会备案、公告。

县级的人民代表大会代表可以向本级人民代表大会常务委员会书面提出辞职,乡级的人民代表大会代表可以向本级人民代表大会书面提出辞职。县级的人民代表大会常务委员会接受辞职,须经常务委员会组成人员的过半数通过。乡级的人民代表大会接受辞职,须经人民代表大会过半数的代表通过。接受辞职的,应当予以公告。

第五十六条 县级以上的各级人民代表大会常务委员会组成人员,县级以上的各级人民代表大会的专门委员会成员,辞去代表职务的请求被接受的,其常务委员会组成人员、专门委员会成员的职务相应终止,由常务委员会予以公告。

乡、民族乡、镇的人民代表大会主席、副主席,辞去代表职务的请求被接受的,其主席、副主席的职务相应终止,由主席团予以公告。

第五十七条 代表在任期内,因故出缺,由原选区或者原选举单位补选。

地方各级人民代表大会代表在任期内调离或者迁出本行政区域的,其代表资格自行终止,缺额另行补选。

县级以上的地方各级人民代表大会闭会期间,可以由本级人民代表大会常务委员会补选上一级人民代表大会代表。

补选出缺的代表时,代表候选人的名额可以多于应选代表的名额,也可以同应选代表的名额相等。补选的具体办法,由省、自治区、直辖市的人民代表大会常务委员会规定。

对补选产生的代表,依照本法第四十七条的规定进行代表资格审查。

第十一章 对破坏选举的制裁

第五十八条 为保障选民和代表自由行使选举权和被选举权,对有下列行为之一,破坏选举,违反治安管理规定的,依法给予治安管理处罚;构成犯罪的,依法追究刑事责任:

(一)以金钱或者其他财物贿赂选民或者代表,妨害选民和代表自由行使选举权和被选举权的;

(二)以暴力、威胁、欺骗或者其他非法手段妨害选民和代表自由行使选举权和被选举权的;

(三)伪造选举文件、虚报选举票数或者有其他违法行为的;

(四)对于控告、检举选举中违法行为的人,或者对于提出要求罢免代表的人进行压制、报复的。

国家工作人员有前款所列行为的,还应当由监察机关给予政务处分或者由所在机关、单位给予处分。

以本条第一款所列违法行为当选的,其当选无效。

第五十九条　主持选举的机构发现有破坏选举的行为或者收到对破坏选举行为的举报,应当及时依法调查处理;需要追究法律责任的,及时移送有关机关予以处理。

第十二章　附　　则

第六十条　省、自治区、直辖市的人民代表大会及其常务委员会根据本法可以制定选举实施细则,报全国人民代表大会常务委员会备案。

中华人民共和国
全国人民代表大会组织法

(1982 年 12 月 10 日第五届全国人民代表大会第五次会议通过　1982 年 12 月 10 日全国人民代表大会公告公布施行　根据 2021 年 3 月 11 日第十三届全国人民代表大会第四次会议《关于修改〈中华人民共和国全国人民代表大会组织法〉的决定》修正)

目　　录

第一章 总 则

第一条 为了健全全国人民代表大会及其常务委员会的组织和工作制度，保障和规范其行使职权，坚持和完善人民代表大会制度，保证人民当家作主，根据宪法，制定本法。

第二条 全国人民代表大会是最高国家权力机关，其常设机关是全国人民代表大会常务委员会。

第三条 全国人民代表大会及其常务委员会坚持中国共产党的领导，坚持以马克思列宁主义、毛泽东思想、邓小平理论、“三个代表”重要思想、科学发展观、习近平新时代中国特色社会主义思想为指导，依照宪法和法律规定行使职权。

第四条 全国人民代表大会由民主选举产生，对人民负责，受人民监督。

全国人民代表大会及其常务委员会坚持全过程民主，始终同人民保持密切联系，倾听人民的意见和建议，体现人民意志，保障人民权益。

第五条 全国人民代表大会及其常务委员会行使国家立法权，决定重大事项，监督宪法和法律的实施，维护社会主义法制的统一、尊严、权威，建设社会主义法治国家。

第六条 全国人民代表大会及其常务委员会实行民主集中制原则，充分发扬民主，集体行使职权。

第七条 全国人民代表大会及其常务委员会积极开展对外交往，加强同各国议会、国际和地区议会组织的交流与合作。

第二章 全国人民代表大会会议

第八条 全国人民代表大会每届任期五年。

全国人民代表大会会议每年举行一次，由全国人民代表大会常务委员会召集。全国人民代表大会常务委员会认为必要，或者有五分之一以上的全国人民代表大会代表提议，可以临时召集全国人民代表大会会议。

第九条 全国人民代表大会代表选出后，由全国人民代表大会常务委员会代表资格审查委员会进行审查。

全国人民代表大会常务委员会根据代表资格审查委员会提出的报告,确认代表的资格或者确定个别代表的当选无效,在每届全国人民代表大会第一次会议前公布代表名单。

对补选的全国人民代表大会代表,依照前款规定进行代表资格审查。

第十条　全国人民代表大会代表按照选举单位组成代表团。各代表团分别推选代表团团长、副团长。

代表团在每次全国人民代表大会会议举行前,讨论全国人民代表大会常务委员会提出的关于会议的准备事项;在会议期间,对全国人民代表大会的各项议案进行审议,并可以由代表团团长或者由代表团推派的代表,在主席团会议上或者大会全体会议上,代表代表团对审议的议案发表意见。

第十一条　全国人民代表大会每次会议举行预备会议,选举本次会议的主席团和秘书长,通过本次会议的议程和其他准备事项的决定。

主席团和秘书长的名单草案,由全国人民代表大会常务委员会委员长会议提出,经常务委员会会议审议通过后,提交预备会议。

第十二条　主席团主持全国人民代表大会会议。

主席团推选常务主席若干人,召集并主持主席团会议。

主席团推选主席团成员若干人分别担任每次大会全体会议的执行主席,并指定其中一人担任全体会议主持人。

第十三条　全国人民代表大会会议设立秘书处。秘书处由秘书长和副秘书长若干人组成。副秘书长的人选由主席团决定。

秘书处在秘书长领导下,办理主席团交付的事项,处理会议日常事务工作。副秘书长协助秘书长工作。

第十四条　主席团处理下列事项:

(一)根据会议议程决定会议日程;

(二)决定会议期间代表提出议案的截止时间;

(三)听取和审议关于议案处理意见的报告,决定会议期间提出的议案是否列入会议议程;

(四)听取和审议秘书处和有关专门委员会关于各项议案和报告审议、审查情况的报告,决定是否将议案和决定草案、决议草案提请会议表决;

（五）听取主席团常务主席关于国家机构组成人员人选名单的说明，提名由会议选举的国家机构组成人员的人选，依照法定程序确定正式候选人名单；

（六）提出会议选举和决定任命的办法草案；

（七）组织由会议选举或者决定任命的国家机构组成人员的宪法宣誓；

（八）其他应当由主席团处理的事项。

第十五条 主席团常务主席就拟提请主席团审议事项，听取秘书处和有关专门委员会的报告，向主席团提出建议。

主席团常务主席可以对会议日程作必要的调整。

第十六条 全国人民代表大会主席团，全国人民代表大会常务委员会，全国人民代表大会各专门委员会，国务院，中央军事委员会，国家监察委员会，最高人民法院，最高人民检察院，可以向全国人民代表大会提出属于全国人民代表大会职权范围内的议案。

第十七条 一个代表团或者三十名以上的代表联名，可以向全国人民代表大会提出属于全国人民代表大会职权范围内的议案。

第十八条 全国人民代表大会常务委员会委员长、副委员长、秘书长、委员的人选，中华人民共和国主席、副主席的人选，中央军事委员会主席的人选，国家监察委员会主任的人选，最高人民法院院长和最高人民检察院检察长的人选，由主席团提名，经各代表团酝酿协商后，再由主席团根据多数代表的意见确定正式候选人名单。

第十九条 国务院总理和国务院其他组成人员的人选、中央军事委员会除主席以外的其他组成人员的人选，依照宪法的有关规定提名。

第二十条 全国人民代表大会主席团、三个以上的代表团或者十分之一以上的代表，可以提出对全国人民代表大会常务委员会的组成人员，中华人民共和国主席、副主席，国务院和中央军事委员会的组成人员，国家监察委员会主任，最高人民法院院长和最高人民检察院检察长的罢免案，由主席团提请大会审议。

第二十一条 全国人民代表大会会议期间，一个代表团或者三十名以上的代表联名，可以书面提出对国务院以及国务院各部门、国家监察委员会、最高人民法院、最高人民检察院的质询案。

第三章　全国人民代表大会常务委员会

第二十二条　全国人民代表大会常务委员会对全国人民代表大会负责并报告工作。

全国人民代表大会常务委员会每届任期同全国人民代表大会每届任期相同,行使职权到下届全国人民代表大会选出新的常务委员会为止。

第二十三条　全国人民代表大会常务委员会由下列人员组成:

委员长,

副委员长若干人,

秘书长,

委员若干人。

常务委员会的组成人员由全国人民代表大会从代表中选出。

常务委员会的组成人员不得担任国家行政机关、监察机关、审判机关和检察机关的职务;如果担任上述职务,应当向常务委员会辞去常务委员会的职务。

第二十四条　常务委员会委员长主持常务委员会会议和常务委员会的工作。副委员长、秘书长协助委员长工作。副委员长受委员长的委托,可以代行委员长的部分职权。

委员长因为健康情况不能工作或者缺位的时候,由常务委员会在副委员长中推选一人代理委员长的职务,直到委员长恢复健康或者全国人民代表大会选出新的委员长为止。

第二十五条　常务委员会的委员长、副委员长、秘书长组成委员长会议,处理常务委员会的重要日常工作:

(一)决定常务委员会每次会议的会期,拟订会议议程草案,必要时提出调整会议议程的建议;

(二)对向常务委员会提出的议案和质询案,决定交由有关的专门委员会审议或者提请常务委员会全体会议审议;

(三)决定是否将议案和决定草案、决议草案提请常务委员会全体会议表决,对暂不交付表决的,提出下一步处理意见;

(四)通过常务委员会年度工作要点、立法工作计划、监督工作计划、代表工作计划、专项工作规划和工作规范性文件等；

（五）指导和协调各专门委员会的日常工作；

（六）处理常务委员会其他重要日常工作。

第二十六条 常务委员会设立代表资格审查委员会。

代表资格审查委员会的主任委员、副主任委员和委员的人选，由委员长会议在常务委员会组成人员中提名，常务委员会任免。

第二十七条 常务委员会设立办公厅，在秘书长领导下工作。

常务委员会设副秘书长若干人，由委员长提请常务委员会任免。

第二十八条 常务委员会设立法制工作委员会、预算工作委员会和其他需要设立的工作委员会。

工作委员会的主任、副主任和委员由委员长提请常务委员会任免。

香港特别行政区基本法委员会、澳门特别行政区基本法委员会的设立、职责和组成人员任免，依照有关法律和全国人民代表大会有关决定的规定。

第二十九条 委员长会议，全国人民代表大会各专门委员会，国务院，中央军事委员会，国家监察委员会，最高人民法院，最高人民检察院，常务委员会组成人员十人以上联名，可以向常务委员会提出属于常务委员会职权范围内的议案。

第三十条 常务委员会会议期间，常务委员会组成人员十人以上联名，可以向常务委员会书面提出对国务院以及国务院各部门、国家监察委员会、最高人民法院、最高人民检察院的质询案。

第三十一条 常务委员会在全国人民代表大会闭会期间，根据国务院总理的提名，可以决定国务院其他组成人员的任免；根据中央军事委员会主席的提名，可以决定中央军事委员会其他组成人员的任免。

第三十二条 常务委员会在全国人民代表大会闭会期间，根据委员长会议、国务院总理的提请，可以决定撤销国务院其他个别组成人员的职务；根据中央军事委员会主席的提请，可以决定撤销中央军事委员会其他个别组成人员的职务。

第三十三条 常务委员会在全国人民代表大会每次会议举行的时候，必须向全国人民代表大会提出工作报告。

第四章 全国人民代表大会各委员会

第三十四条 全国人民代表大会设立民族委员会、宪法和法律委员会、监察和司法委员会、财政经济委员会、教育科学文化卫生委员会、外事委员会、华侨委员会、环境与资源保护委员会、农业与农村委员会、社会建设委员会和全国人民代表大会认为需要设立的其他专门委员会。各专门委员会受全国人民代表大会领导;在全国人民代表大会闭会期间,受全国人民代表大会常务委员会领导。

各专门委员会由主任委员、副主任委员若干人和委员若干人组成。

各专门委员会的主任委员、副主任委员和委员的人选由主席团在代表中提名,全国人民代表大会会议表决通过。在大会闭会期间,全国人民代表大会常务委员会可以任免专门委员会的副主任委员和委员,由委员长会议提名,常务委员会会议表决通过。

第三十五条 各专门委员会每届任期同全国人民代表大会每届任期相同,履行职责到下届全国人民代表大会产生新的专门委员会为止。

第三十六条 各专门委员会主任委员主持委员会会议和委员会的工作。副主任委员协助主任委员工作。

各专门委员会可以根据工作需要,任命专家若干人为顾问;顾问可以列席专门委员会会议,发表意见。

顾问由全国人民代表大会常务委员会任免。

第三十七条 各专门委员会的工作如下:

(一)审议全国人民代表大会主席团或者全国人民代表大会常务委员会交付的议案;

(二)向全国人民代表大会主席团或者全国人民代表大会常务委员会提出属于全国人民代表大会或者全国人民代表大会常务委员会职权范围内同本委员会有关的议案,组织起草法律草案和其他议案草案;

(三)承担全国人民代表大会常务委员会听取和审议专项工作报告有关具体工作;

(四)承担全国人民代表大会常务委员会执法检查的具体组织实施工作;

（五）承担全国人民代表大会常务委员会专题询问有关具体工作；

（六）按照全国人民代表大会常务委员会工作安排，听取国务院有关部门和国家监察委员会、最高人民法院、最高人民检察院的专题汇报，提出建议；

（七）对属于全国人民代表大会或者全国人民代表大会常务委员会职权范围内同本委员会有关的问题，进行调查研究，提出建议；

（八）审议全国人民代表大会常务委员会交付的被认为同宪法、法律相抵触的国务院的行政法规、决定和命令，国务院各部门的命令、指示和规章，国家监察委员会的监察法规，省、自治区、直辖市和设区的市、自治州的人民代表大会及其常务委员会的地方性法规和决定、决议，省、自治区、直辖市和设区的市、自治州的人民政府的决定、命令和规章，民族自治地方的自治条例和单行条例，经济特区法规，以及最高人民法院、最高人民检察院具体应用法律问题的解释，提出意见；

（九）审议全国人民代表大会主席团或者全国人民代表大会常务委员会交付的质询案，听取受质询机关对质询案的答复，必要的时候向全国人民代表大会主席团或者全国人民代表大会常务委员会提出报告；

（十）研究办理代表建议、批评和意见，负责有关建议、批评和意见的督促办理工作；

（十一）按照全国人民代表大会常务委员会的安排开展对外交往；

（十二）全国人民代表大会及其常务委员会交办的其他工作。

第三十八条 民族委员会可以对加强民族团结问题进行调查研究，提出建议；审议自治区报请全国人民代表大会常务委员会批准的自治区的自治条例和单行条例，向全国人民代表大会常务委员会提出报告。

第三十九条 宪法和法律委员会承担推动宪法实施、开展宪法解释、推进合宪性审查、加强宪法监督、配合宪法宣传等工作职责。

宪法和法律委员会统一审议向全国人民代表大会或者全国人民代表大会常务委员会提出的法律草案和有关法律问题的决定草案；其他专门委员会就有关草案向宪法和法律委员会提出意见。

第四十条 财政经济委员会对国务院提出的国民经济和社会发展计划草案、规划纲要草案、中央和地方预算草案、中央决算草案以及相关报告和调整方案进行审查，提出初步审查意见、审查结果报告；其他专门委员会可以就有关草案和报告向财政经济委员会提出意见。

第四十一条　全国人民代表大会或者全国人民代表大会常务委员会可以组织对于特定问题的调查委员会。调查委员会的组织和工作，由全国人民代表大会或者全国人民代表大会常务委员会决定。

第五章　全国人民代表大会代表

第四十二条　全国人民代表大会代表每届任期五年，从每届全国人民代表大会举行第一次会议开始，到下届全国人民代表大会举行第一次会议为止。

第四十三条　全国人民代表大会代表必须模范地遵守宪法和法律，保守国家秘密，并且在自己参加的生产、工作和社会活动中，协助宪法和法律的实施。

第四十四条　全国人民代表大会代表应当同原选举单位和人民保持密切联系，可以列席原选举单位的人民代表大会会议，通过多种方式听取和反映人民的意见和要求，努力为人民服务，充分发挥在全过程民主中的作用。

第四十五条　全国人民代表大会常务委员会和各专门委员会、工作委员会应当同代表保持密切联系，听取代表的意见和建议，支持和保障代表依法履职，扩大代表对各项工作的参与，充分发挥代表作用。

全国人民代表大会常务委员会建立健全常务委员会组成人员和各专门委员会、工作委员会联系代表的工作机制。

全国人民代表大会常务委员会办事机构和工作机构为代表履行职责提供服务保障。

第四十六条　全国人民代表大会代表向全国人民代表大会或者全国人民代表大会常务委员会提出的对各方面工作的建议、批评和意见，由全国人民代表大会常务委员会办事机构交由有关机关、组织研究办理并负责答复。

对全国人民代表大会代表提出的建议、批评和意见，有关机关、组织应当与代表联系沟通，充分听取意见，介绍有关情况，认真研究办理，及时予以答复。

全国人民代表大会有关专门委员会和常务委员会办事机构应当加强对办理工作的督促检查。常务委员会办事机构每年向常务委员会报告代表建议、批评和意见的办理情况，并予以公开。

第四十七条　全国人民代表大会代表在出席全国人民代表大会会议和执行其他属于代表的职务的时候，国家根据实际需要给予适当的补贴和物质上的便利。

第四十八条　全国人民代表大会代表、全国人民代表大会常务委员会的组成人员，在全国人民代表大会和全国人民代表大会常务委员会各种会议上的发言和表决，不受法律追究。

第四十九条　全国人民代表大会代表非经全国人民代表大会主席团许可，在全国人民代表大会闭会期间非经全国人民代表大会常务委员会许可，不受逮捕或者刑事审判。

全国人民代表大会代表如果因为是现行犯被拘留，执行拘留的公安机关应当立即向全国人民代表大会主席团或者全国人民代表大会常务委员会报告。

中华人民共和国地方各级人民代表大会和地方各级人民政府组织法

（1979 年 7 月 1 日第五届全国人民代表大会第二次会议通过　1979 年 7 月 4 日公布　自 1980 年 1 月 1 日起施行　根据 1982 年 12 月 10 日第五届全国人民代表大会第五次会议《关于修改〈中华人民共和国地方各级人民代表大会和地方各级人民政府组织法〉的若干规定的决议》第一次修正　根据 1986 年 12 月 2 日第六届全国人民代表大会常务委员会第十八次会议《关于修改〈中华人民共和国地方各级人民代表大会和地方各级人民政府组织法〉的决定》第二次修正　根据 1995 年 2 月 28 日第八届全国人民代表大会常务委员会第十二次会议《关于修改〈中华人民共和国地方各级人民代表大会和地方各级人民政府组织法〉的决定》第三次修正　根据

2004年10月27日第十届全国人民代表大会常务委员会第十二次会议《关于修改〈中华人民共和国地方各级人民代表大会和地方各级人民政府组织法〉的决定》第四次修正　根据2015年8月29日第十二届全国人民代表大会常务委员会第十六次会议《关于修改〈中华人民共和国地方各级人民代表大会和地方各级人民政府组织法〉、〈中华人民共和国全国人民代表大会和地方各级人民代表大会选举法〉、〈中华人民共和国全国人民代表大会和地方各级人民代表大会代表法〉的决定》第五次修正　根据2022年3月11日第十三届全国人民代表大会第五次会议《关于修改〈中华人民共和国地方各级人民代表大会和地方各级人民政府组织法〉的决定》第六次修正)

目　录

第一章　总　　则

第一条　为了健全地方各级人民代表大会和地方各级人民政府的组织和工作制度，保障和规范其行使职权，坚持和完善人民代表大会制度，保证人民当家作主，根据宪法，制定本法。

第二条　地方各级人民代表大会是地方国家权力机关。

县级以上的地方各级人民代表大会常务委员会是本级人民代表大会的常设机关。

地方各级人民政府是地方各级国家权力机关的执行机关，是地方各级国家行政机关。

第三条　地方各级人民代表大会、县级以上的地方各级人民代表大会常务委员会和地方各级人民政府坚持中国共产党的领导，坚持以马克思列宁主义、毛泽东思想、邓小平理论、“三个代表”重要思想、科学发展观、习近平新时代中国特色社会主义思想为指导，依照宪法和法律规定行使职权。

第四条　地方各级人民代表大会、县级以上的地方各级人民代表大会常务委员会和地方各级人民政府坚持以人民为中心，坚持和发展全过程人民民主，始终同人民保持密切联系，倾听人民的意见和建议，为人民服务，对人民负责，受人民监督。

第五条　地方各级人民代表大会、县级以上的地方各级人民代表大会常务委员会和地方各级人民政府遵循在中央的统一领导下、充分发挥地方的主动性积极性的原则，保证宪法、法律和行政法规在本行政区域的实施。

第六条　地方各级人民代表大会、县级以上的地方各级人民代表大会常务委员会和地方各级人民政府实行民主集中制原则。

地方各级人民代表大会和县级以上的地方各级人民代表大会常务委员会应当充分发扬民主，集体行使职权。

地方各级人民政府实行首长负责制。政府工作中的重大事项应当经集体讨论决定。

第二章　地方各级人民代表大会

第一节　地方各级人民代表大会的组成和任期

第七条　省、自治区、直辖市、自治州、县、自治县、市、市辖区、乡、民族乡、镇设立人民代表大会。

第八条　省、自治区、直辖市、自治州、设区的市的人民代表大会代表由下一级的人民代表大会选举；县、自治县、不设区的市、市辖区、乡、民族乡、镇的人民代表大会代表由选民直接选举。

地方各级人民代表大会代表名额和代表产生办法由选举法规定。各行政区域内的少数民族应当有适当的代表名额。

第九条　地方各级人民代表大会每届任期五年。

第二节　地方各级人民代表大会的职权

第十条　省、自治区、直辖市的人民代表大会根据本行政区域的具体情况和实际需要，在不同宪法、法律、行政法规相抵触的前提下，可以制定和颁布地方性法规，报全国人民代表大会常务委员会和国务院备案。

设区的市、自治州的人民代表大会根据本行政区域的具体情况和实际需要，在不同宪法、法律、行政法规和本省、自治区的地方性法规相抵触的前提下，可以依照法律规定的权限制定地方性法规，报省、自治区的人民代表大会常务委员会批准后施行，并由省、自治区的人民代表大会常务委员会报全国人民代表大会常务委员会和国务院备案。

省、自治区、直辖市以及设区的市、自治州的人民代表大会根据区域协调发展的需要，可以开展协同立法。

第十一条　县级以上的地方各级人民代表大会行使下列职权：

（一）在本行政区域内，保证宪法、法律、行政法规和上级人民代表大会及其常务委员会决议的遵守和执行，保证国家计划和国家预算的执行；

（二）审查和批准本行政区域内的国民经济和社会发展规划纲要、计划和预算及其执行情况的报告，审查监督政府债务，监督本级人民政府对国有资产的管理；

（三）讨论、决定本行政区域内的政治、经济、教育、科学、文化、卫生、生态环境保护、自然资源、城乡建设、民政、社会保障、民族等工作的重大事项和项目；

（四）选举本级人民代表大会常务委员会的组成人员；

（五）选举省长、副省长，自治区主席、副主席，市长、副市长，州长、副州长，县长、副县长，区长、副区长；

（六）选举本级监察委员会主任、人民法院院长和人民检察院检察长；选出的人民检察院检察长，须报经上一级人民检察院检察长提请该级人民代表大会常务委员会批准；

（七）选举上一级人民代表大会代表；

（八）听取和审议本级人民代表大会常务委员会的工作报告；

（九）听取和审议本级人民政府和人民法院、人民检察院的工作报告；

（十）改变或者撤销本级人民代表大会常务委员会的不适当的决议；

（十一）撤销本级人民政府的不适当的决定和命令；

（十二）保护社会主义的全民所有的财产和劳动群众集体所有的财产，保护公民私人所有的合法财产，维护社会秩序，保障公民的人身权利、民主权利和其他权利；

（十三）保护各种经济组织的合法权益；

（十四）铸牢中华民族共同体意识，促进各民族广泛交往交流交融，保障少数民族的合法权利和利益；

（十五）保障宪法和法律赋予妇女的男女平等、同工同酬和婚姻自由等各项权利。

第十二条　乡、民族乡、镇的人民代表大会行使下列职权：

（一）在本行政区域内，保证宪法、法律、行政法规和上级人民代表大会及其常务委员会决议的遵守和执行；

（二）在职权范围内通过和发布决议；

（三）根据国家计划，决定本行政区域内的经济、文化事业和公共事业的建设计划和项目；

(四)审查和批准本行政区域内的预算和预算执行情况的报告,监督本级预算的执行,审查和批准本级预算的调整方案,审查和批准本级决算;

(五)决定本行政区域内的民政工作的实施计划;

(六)选举本级人民代表大会主席、副主席;

(七)选举乡长、副乡长,镇长、副镇长;

(八)听取和审议乡、民族乡、镇的人民政府的工作报告;

(九)听取和审议乡、民族乡、镇的人民代表大会主席团的工作报告;

(十)撤销乡、民族乡、镇的人民政府的不适当的决定和命令;

(十一)保护社会主义的全民所有的财产和劳动群众集体所有的财产,保护公民私人所有的合法财产,维护社会秩序,保障公民的人身权利、民主权利和其他权利;

(十二)保护各种经济组织的合法权益;

(十三)铸牢中华民族共同体意识,促进各民族广泛交往交流交融,保障少数民族的合法权利和利益;

(十四)保障宪法和法律赋予妇女的男女平等、同工同酬和婚姻自由等各项权利。

少数民族聚居的乡、民族乡、镇的人民代表大会在行使职权的时候,可以依照法律规定的权限采取适合民族特点的具体措施。

第十三条 地方各级人民代表大会有权罢免本级人民政府的组成人员。县级以上的地方各级人民代表大会有权罢免本级人民代表大会常务委员会的组成人员和由它选出的监察委员会主任、人民法院院长、人民检察院检察长。罢免人民检察院检察长,须报经上一级人民检察院检察长提请该级人民代表大会常务委员会批准。

第三节 地方各级人民代表大会会议的举行

第十四条 地方各级人民代表大会会议每年至少举行一次。乡、民族乡、镇的人民代表大会会议一般每年举行两次。会议召开的日期由本级人民代表大会常务委员会或者乡、民族乡、镇的人民代表大会主席团决定,并予以公布。

遇有特殊情况,县级以上的地方各级人民代表大会常务委员会或者乡、民族乡、镇的人民代表大会主席团可以决定适当提前或者推迟召开会议。提前或者推迟召开会议的日期未能在当次会议上决定的，常务委员会或者其授权的主任会议，乡、民族乡、镇的人民代表大会主席团可以另行决定，并予以公布。

县级以上的地方各级人民代表大会常务委员会或者乡、民族乡、镇的人民代表大会主席团认为必要，或者经过五分之一以上代表提议，可以临时召集本级人民代表大会会议。

地方各级人民代表大会会议有三分之二以上的代表出席，始得举行。

第十五条 县级以上的地方各级人民代表大会会议由本级人民代表大会常务委员会召集。

第十六条 地方各级人民代表大会举行会议，应当合理安排会期和会议日程，提高议事质量和效率。

第十七条 县级以上的地方各级人民代表大会每次会议举行预备会议，选举本次会议的主席团和秘书长，通过本次会议的议程和其他准备事项的决定。

预备会议由本级人民代表大会常务委员会主持。每届人民代表大会第一次会议的预备会议，由上届本级人民代表大会常务委员会主持。

县级以上的地方各级人民代表大会举行会议的时候，由主席团主持会议。

县级以上的地方各级人民代表大会会议设副秘书长若干人；副秘书长的人选由主席团决定。

第十八条 乡、民族乡、镇的人民代表大会设主席，并可以设副主席一人至二人。主席、副主席由本级人民代表大会从代表中选出，任期同本级人民代表大会每届任期相同。

乡、民族乡、镇的人民代表大会主席、副主席不得担任国家行政机关的职务；如果担任国家行政机关的职务，必须向本级人民代表大会辞去主席、副主席的职务。

乡、民族乡、镇的人民代表大会主席、副主席在本级人民代表大会闭会期间负责联系本级人民代表大会代表，根据主席团的安排组织代表开展活动，反映代表和群众对本级人民政府工作的建议、批评和意见，并负责处理主席团的日常工作。

第十九条 乡、民族乡、镇的人民代表大会举行会议的时候,选举主席团。由主席团主持会议,并负责召集下一次的本级人民代表大会会议。乡、民族乡、镇的人民代表大会主席、副主席为主席团的成员。

主席团在本级人民代表大会闭会期间,每年选择若干关系本地区群众切身利益和社会普遍关注的问题,有计划地安排代表听取和讨论本级人民政府的专项工作报告,对法律、法规实施情况进行检查,开展视察、调研等活动;听取和反映代表和群众对本级人民政府工作的建议、批评和意见。主席团在闭会期间的工作,向本级人民代表大会报告。

第二十条 地方各级人民代表大会每届第一次会议,在本届人民代表大会代表选举完成后的两个月内,由上届本级人民代表大会常务委员会或者乡、民族乡、镇的上次人民代表大会主席团召集。

第二十一条 县级以上的地方各级人民政府组成人员和监察委员会主任、人民法院院长、人民检察院检察长,乡级的人民政府领导人员,列席本级人民代表大会会议;县级以上的其他有关机关、团体负责人,经本级人民代表大会常务委员会决定,可以列席本级人民代表大会会议。

第二十二条 地方各级人民代表大会举行会议的时候,主席团、常务委员会、各专门委员会、本级人民政府,可以向本级人民代表大会提出属于本级人民代表大会职权范围内的议案,由主席团决定提交人民代表大会会议审议,或者并交有关的专门委员会审议、提出报告,再由主席团审议决定提交大会表决。

县级以上的地方各级人民代表大会代表十人以上联名,乡、民族乡、镇的人民代表大会代表五人以上联名,可以向本级人民代表大会提出属于本级人民代表大会职权范围内的议案,由主席团决定是否列入大会议程,或者先交有关的专门委员会审议,提出是否列入大会议程的意见,再由主席团决定是否列入大会议程。

列入会议议程的议案,在交付大会表决前,提案人要求撤回的,经主席团同意,会议对该项议案的审议即行终止。

第二十三条 在地方各级人民代表大会审议议案的时候,代表可以向有关地方国家机关提出询问,由有关机关派人说明。

第二十四条 地方各级人民代表大会举行会议的时候,代表十人以上联名可以书面提出对本级人民政府和它所属各工作部门以及监察委员会、人民法院、人民检察院的质询案。质询案必须写明质询对象、质询的问题和内容。

质询案由主席团决定交由受质询机关在主席团会议、大会全体会议或者有关的专门委员会会议上口头答复,或者由受质询机关书面答复。在主席团会议或者专门委员会会议上答复的,提质询案的代表有权列席会议,发表意见;主席团认为必要的时候,可以将答复质询案的情况报告印发会议。

质询案以口头答复的,应当由受质询机关的负责人到会答复;质询案以书面答复的,应当由受质询机关的负责人签署,由主席团印发会议或者印发提质询案的代表。

第二十五条 地方各级人民代表大会进行选举和通过决议,以全体代表的过半数通过。

第四节 地方国家机关组成人员的选举、罢免和辞职

第二十六条 县级以上的地方各级人民代表大会常务委员会的组成人员,乡、民族乡、镇的人民代表大会主席、副主席,省长、副省长,自治区主席、副主席,市长、副市长,州长、副州长,县长、副县长,区长、副区长,乡长、副乡长,镇长、副镇长,监察委员会主任,人民法院院长,人民检察院检察长的人选,由本级人民代表大会主席团或者代表依照本法规定联合提名。

省、自治区、直辖市的人民代表大会代表三十人以上书面联名,设区的市和自治州的人民代表大会代表二十人以上书面联名,县级的人民代表大会代表十人以上书面联名,可以提出本级人民代表大会常务委员会组成人员,人民政府领导人员,监察委员会主任,人民法院院长,人民检察院检察长的候选人。乡、民族乡、镇的人民代表大会代表十人以上书面联名,可以提出本级人民代表大会主席、副主席,人民政府领导人员的候选人。不同选区或者选举单位选出的代表可以酝酿、联合提出候选人。

主席团提名的候选人人数,每一代表与其他代表联合提名的候选人人数,均不得超过应选名额。

提名人应当如实介绍所提名的候选人的情况。

第二十七条 人民代表大会常务委员会主任、秘书长,乡、民族乡、镇的人民代表大会主席,人民政府正职领导人员,监察委员会主任,人民法院院

长,人民检察院检察长的候选人数可以多一人,进行差额选举;如果提名的候选人只有一人,也可以等额选举。人民代表大会常务委员会副主任,乡、民族乡、镇的人民代表大会副主席,人民政府副职领导人员的候选人数应比应选人数多一人至三人,人民代表大会常务委员会委员的候选人数应比应选人数多十分之一至五分之一,由本级人民代表大会根据应选人数在选举办法中规定具体差额数,进行差额选举。如果提名的候选人数符合选举办法规定的差额数,由主席团提交代表酝酿、讨论后,进行选举。如果提名的候选人数超过选举办法规定的差额数,由主席团提交代表酝酿、讨论后,进行预选,根据在预选中得票多少的顺序,按照选举办法规定的差额数,确定正式候选人名单,进行选举。

县级以上的地方各级人民代表大会换届选举本级国家机关领导人员时,提名、酝酿候选人的时间不得少于两天。

第二十八条　选举采用无记名投票方式。代表对于确定的候选人,可以投赞成票,可以投反对票,可以另选其他任何代表或者选民,也可以弃权。

第二十九条　地方各级人民代表大会选举本级国家机关领导人员,获得过半数选票的候选人人数超过应选名额时,以得票多的当选。如遇票数相等不能确定当选人时,应当就票数相等的人再次投票,以得票多的当选。

获得过半数选票的当选人数少于应选名额时,不足的名额另行选举。另行选举时,可以根据在第一次投票时得票多少的顺序确定候选人,也可以依照本法规定的程序另行提名、确定候选人。经本级人民代表大会决定,不足的名额的另行选举可以在本次人民代表大会会议上进行,也可以在下一次人民代表大会会议上进行。

另行选举人民代表大会常务委员会副主任、委员,乡、民族乡、镇的人民代表大会副主席,人民政府副职领导人员时,依照本法第二十七条第一款的规定,确定差额数,进行差额选举。

第三十条　地方各级人民代表大会补选常务委员会主任、副主任、秘书长、委员,乡、民族乡、镇的人民代表大会主席、副主席,省长、副省长,自治区主席、副主席,市长、副市长,州长、副州长,县长、副县长,区长、副区长,乡长、副乡长,镇长、副镇长,监察委员会主任,人民法院院长,人民检察院检察长时,候选人数可以多于应选人数,也可以同应选人数相等。选举办法由本级人民代表大会决定。

第三十一条　县级以上的地方各级人民代表大会举行会议的时候，主席团、常务委员会或者十分之一以上代表联名，可以提出对本级人民代表大会常务委员会组成人员、人民政府组成人员、监察委员会主任、人民法院院长、人民检察院检察长的罢免案，由主席团提请大会审议。

乡、民族乡、镇的人民代表大会举行会议的时候，主席团或者五分之一以上代表联名，可以提出对人民代表大会主席、副主席，乡长、副乡长，镇长、副镇长的罢免案，由主席团提请大会审议。

罢免案应当写明罢免理由。

被提出罢免的人员有权在主席团会议或者大会全体会议上提出申辩意见，或者书面提出申辩意见。在主席团会议上提出的申辩意见或者书面提出的申辩意见，由主席团印发会议。

向县级以上的地方各级人民代表大会提出的罢免案，由主席团交会议审议后，提请全体会议表决；或者由主席团提议，经全体会议决定，组织调查委员会，由本级人民代表大会下次会议根据调查委员会的报告审议决定。

第三十二条　县级以上的地方各级人民代表大会常务委员会组成人员、专门委员会组成人员和人民政府领导人员，监察委员会主任，人民法院院长，人民检察院检察长，可以向本级人民代表大会提出辞职，由大会决定是否接受辞职；大会闭会期间，可以向本级人民代表大会常务委员会提出辞职，由常务委员会决定是否接受辞职。常务委员会决定接受辞职后，报本级人民代表大会备案。人民检察院检察长的辞职，须报经上一级人民检察院检察长提请该级人民代表大会常务委员会批准。

乡、民族乡、镇的人民代表大会主席、副主席，乡长、副乡长，镇长、副镇长，可以向本级人民代表大会提出辞职，由大会决定是否接受辞职。

第五节　地方各级人民代表大会各委员会

第三十三条　省、自治区、直辖市、自治州、设区的市的人民代表大会根据需要，可以设法制委员会、财政经济委员会、教育科学文化卫生委员会、环境与资源保护委员会、社会建设委员会和其他需要设立的专门委员会；县、自治县、不设区的市、市辖区的人民代表大会根据需要，可以设法制委员会、财政经济委员会等专门委员会。

各专门委员会受本级人民代表大会领导;在大会闭会期间,受本级人民代表大会常务委员会领导。

第三十四条　各专门委员会的主任委员、副主任委员和委员的人选,由主席团在代表中提名,大会通过。在大会闭会期间,常务委员会可以任免专门委员会的个别副主任委员和部分委员,由主任会议提名,常务委员会会议通过。

各专门委员会每届任期同本级人民代表大会每届任期相同,履行职责到下届人民代表大会产生新的专门委员会为止。

第三十五条　各专门委员会在本级人民代表大会及其常务委员会领导下,开展下列工作:

(一)审议本级人民代表大会主席团或者常务委员会交付的议案;

(二)向本级人民代表大会主席团或者常务委员会提出属于本级人民代表大会或者常务委员会职权范围内同本委员会有关的议案,组织起草有关议案草案;

(三)承担本级人民代表大会常务委员会听取和审议专项工作报告、执法检查、专题询问等的具体组织实施工作;

(四)按照本级人民代表大会常务委员会工作安排,听取本级人民政府工作部门和监察委员会、人民法院、人民检察院的专题汇报,提出建议;

(五)对属于本级人民代表大会及其常务委员会职权范围内同本委员会有关的问题,进行调查研究,提出建议;

(六)研究办理代表建议、批评和意见,负责有关建议、批评和意见的督促办理工作;

(七)办理本级人民代表大会及其常务委员会交办的其他工作。

第三十六条　县级以上的地方各级人民代表大会可以组织关于特定问题的调查委员会。

主席团或者十分之一以上代表书面联名,可以向本级人民代表大会提议组织关于特定问题的调查委员会,由主席团提请全体会议决定。

调查委员会由主任委员、副主任委员和委员组成,由主席团在代表中提名,提请全体会议通过。

调查委员会应当向本级人民代表大会提出调查报告。人民代表大会根据调查委员会的报告,可以作出相应的决议。人民代表大会可以授权它的常务委员会听取调查委员会的调查报告，常务委员会可以作出相应的决议，报人民代表大会下次会议备案。

第三十七条 乡、民族乡、镇的每届人民代表大会第一次会议通过的代表资格审查委员会，行使职权至本届人民代表大会任期届满为止。

第六节 地方各级人民代表大会代表

第三十八条 地方各级人民代表大会代表任期，从每届本级人民代表大会举行第一次会议开始，到下届本级人民代表大会举行第一次会议为止。

第三十九条 地方各级人民代表大会代表、常务委员会组成人员，在人民代表大会和常务委员会会议上的发言和表决，不受法律追究。

第四十条 县级以上的地方各级人民代表大会代表，非经本级人民代表大会主席团许可，在大会闭会期间，非经本级人民代表大会常务委员会许可，不受逮捕或者刑事审判。如果因为是现行犯被拘留，执行拘留的公安机关应当立即向该级人民代表大会主席团或者常务委员会报告。

第四十一条 地方各级人民代表大会代表在出席人民代表大会会议和执行代表职务的时候，国家根据需要给予往返的旅费和必要的物质上的便利或者补贴。

第四十二条 县级以上的地方各级人民代表大会代表向本级人民代表大会及其常务委员会提出的对各方面工作的建议、批评和意见，由本级人民代表大会常务委员会的办事机构交有关机关和组织研究办理并负责答复。

乡、民族乡、镇的人民代表大会代表向本级人民代表大会提出的对各方面工作的建议、批评和意见，由本级人民代表大会主席团交有关机关和组织研究办理并负责答复。

地方各级人民代表大会代表的建议、批评和意见的办理情况，由县级以上的地方各级人民代表大会常务委员会办事机构或者乡、民族乡、镇的人民代表大会主席团向本级人民代表大会常务委员会或者乡、民族乡、镇的人民代表大会报告，并予以公开。

第四十三条 地方各级人民代表大会代表应当与原选区选民或者原选举单位和人民群众保持密切联系，听取和反映他们的意见和要求，充分发挥在发展全过程人民民主中的作用。

省、自治区、直辖市、自治州、设区的市的人民代表大会代表可以列席原选举单位的人民代表大会会议。

县、自治县、不设区的市、市辖区、乡、民族乡、镇的人民代表大会代表分工联系选民,有代表三人以上的居民地区或者生产单位可以组织代表小组。

地方各级人民代表大会代表应当向原选区选民或者原选举单位报告履职情况。

第四十四条　省、自治区、直辖市、自治州、设区的市的人民代表大会代表受原选举单位的监督;县、自治县、不设区的市、市辖区、乡、民族乡、镇的人民代表大会代表受选民的监督。

地方各级人民代表大会代表的选举单位和选民有权随时罢免自己选出的代表。代表的罢免必须由原选举单位以全体代表的过半数通过,或者由原选区以选民的过半数通过。

第四十五条　地方各级人民代表大会代表因故不能担任代表职务的时候,由原选举单位或者由原选区选民补选。

第三章　县级以上的地方各级人民代表大会常务委员会

第一节　常务委员会的组成和任期

第四十六条　省、自治区、直辖市、自治州、县、自治县、市、市辖区的人民代表大会设立常务委员会,对本级人民代表大会负责并报告工作。

第四十七条　省、自治区、直辖市、自治州、设区的市的人民代表大会常务委员会由本级人民代表大会在代表中选举主任、副主任若干人、秘书长、委员若干人组成。

县、自治县、不设区的市、市辖区的人民代表大会常务委员会由本级人民代表大会在代表中选举主任、副主任若干人和委员若干人组成。

常务委员会的组成人员不得担任国家行政机关、监察机关、审判机关和检察机关的职务;如果担任上述职务,必须向常务委员会辞去常务委员会的职务。

常务委员会组成人员的名额:

（一）省、自治区、直辖市四十五人至七十五人，人口超过八千万的省不超过九十五人；

（二）设区的市、自治州二十九人至五十一人，人口超过八百万的设区的市不超过六十一人；

（三）县、自治县、不设区的市、市辖区十五人至三十五人，人口超过一百万的县、自治县、不设区的市、市辖区不超过四十五人。

省、自治区、直辖市每届人民代表大会常务委员会组成人员的名额，由省、自治区、直辖市的人民代表大会依照前款规定，按人口多少并结合常务委员会组成人员结构的需要确定。自治州、县、自治县、市、市辖区每届人民代表大会常务委员会组成人员的名额，由省、自治区、直辖市的人民代表大会常务委员会依照前款规定，按人口多少并结合常务委员会组成人员结构的需要确定。每届人民代表大会常务委员会组成人员的名额经确定后，在本届人民代表大会的任期内不再变动。

第四十八条 县级以上的地方各级人民代表大会常务委员会每届任期同本级人民代表大会每届任期相同，它行使职权到下届本级人民代表大会选出新的常务委员会为止。

第二节 常务委员会的职权

第四十九条 省、自治区、直辖市的人民代表大会常务委员会在本级人民代表大会闭会期间，根据本行政区域的具体情况和实际需要，在不同宪法、法律、行政法规相抵触的前提下，可以制定和颁布地方性法规，报全国人民代表大会常务委员会和国务院备案。

设区的市、自治州的人民代表大会常务委员会在本级人民代表大会闭会期间，根据本行政区域的具体情况和实际需要，在不同宪法、法律、行政法规和本省、自治区的地方性法规相抵触的前提下，可以依照法律规定的权限制定地方性法规，报省、自治区的人民代表大会常务委员会批准后施行，并由省、自治区的人民代表大会常务委员会报全国人民代表大会常务委员会和国务院备案。

省、自治区、直辖市以及设区的市、自治州的人民代表大会常务委员会根据区域协调发展的需要，可以开展协同立法。

第五十条　县级以上的地方各级人民代表大会常务委员会行使下列职权：

（一）在本行政区域内，保证宪法、法律、行政法规和上级人民代表大会及其常务委员会决议的遵守和执行；

（二）领导或者主持本级人民代表大会代表的选举；

（三）召集本级人民代表大会会议；

（四）讨论、决定本行政区域内的政治、经济、教育、科学、文化、卫生、生态环境保护、自然资源、城乡建设、民政、社会保障、民族等工作的重大事项和项目；

（五）根据本级人民政府的建议，审查和批准本行政区域内的国民经济和社会发展规划纲要、计划和本级预算的调整方案；

（六）监督本行政区域内的国民经济和社会发展规划纲要、计划和预算的执行，审查和批准本级决算，监督审计查出问题整改情况，审查监督政府债务；

（七）监督本级人民政府、监察委员会、人民法院和人民检察院的工作，听取和审议有关专项工作报告，组织执法检查，开展专题询问等；联系本级人民代表大会代表，受理人民群众对上述机关和国家工作人员的申诉和意见；

（八）监督本级人民政府对国有资产的管理，听取和审议本级人民政府关于国有资产管理情况的报告；

（九）听取和审议本级人民政府关于年度环境状况和环境保护目标完成情况的报告；

（十）听取和审议备案审查工作情况报告；

（十一）撤销下一级人民代表大会及其常务委员会的不适当的决议；

（十二）撤销本级人民政府的不适当的决定和命令；

（十三）在本级人民代表大会闭会期间，决定副省长、自治区副主席、副市长、副州长、副县长、副区长的个别任免；在省长、自治区主席、市长、州长、县长、区长和监察委员会主任、人民法院院长、人民检察院检察长因故不能担任职务的时候，根据主任会议的提名，从本级人民政府、监察委员会、人民法院、人民检察院副职领导人员中决定代理的人选；决定代理检察长，须报上一级人民检察院和人民代表大会常务委员会备案；

（十四）根据省长、自治区主席、市长、州长、县长、区长的提名，决定本级人民政府秘书长、厅长、局长、委员会主任、科长的任免，报上一级人民政府备案；

（十五）根据监察委员会主任的提名，任免监察委员会副主任、委员；

（十六）按照人民法院组织法和人民检察院组织法的规定，任免人民法院副院长、庭长、副庭长、审判委员会委员、审判员，任免人民检察院副检察长、检察委员会委员、检察员，批准任免下一级人民检察院检察长；省、自治区、直辖市的人民代表大会常务委员会根据主任会议的提名，决定在省、自治区内按地区设立的和在直辖市内设立的中级人民法院院长的任免，根据省、自治区、直辖市的人民检察院检察长的提名，决定人民检察院分院检察长的任免；

（十七）在本级人民代表大会闭会期间，决定撤销个别副省长、自治区副主席、副市长、副州长、副县长、副区长的职务；决定撤销由它任命的本级人民政府其他组成人员和监察委员会副主任、委员，人民法院副院长、庭长、副庭长、审判委员会委员、审判员，人民检察院副检察长、检察委员会委员、检察员，中级人民法院院长，人民检察院分院检察长的职务；

（十八）在本级人民代表大会闭会期间，补选上一级人民代表大会出缺的代表和罢免个别代表。

常务委员会讨论前款第四项规定的本行政区域内的重大事项和项目，可以作出决定或者决议，也可以将有关意见、建议送有关地方国家机关或者单位研究办理。有关办理情况应当及时向常务委员会报告。

第三节 常务委员会会议的举行

第五十一条 常务委员会会议由主任召集并主持，每两个月至少举行一次。遇有特殊需要时，可以临时召集常务委员会会议。主任可以委托副主任主持会议。

县级以上的地方各级人民政府、监察委员会、人民法院、人民检察院的负责人，列席本级人民代表大会常务委员会会议。

常务委员会会议有常务委员会全体组成人员过半数出席，始得举行。

常务委员会的决议，由常务委员会以全体组成人员的过半数通过。

第五十二条 县级以上的地方各级人民代表大会常务委员会主任会议

可以向本级人民代表大会常务委员会提出属于常务委员会职权范围内的议案,由常务委员会会议审议。

县级以上的地方各级人民政府、人民代表大会各专门委员会,可以向本级人民代表大会常务委员会提出属于常务委员会职权范围内的议案,由主任会议决定提请常务委员会会议审议,或者先交有关的专门委员会审议、提出报告,再提请常务委员会会议审议。

省、自治区、直辖市、自治州、设区的市的人民代表大会常务委员会组成人员五人以上联名,县级的人民代表大会常务委员会组成人员三人以上联名,可以向本级常务委员会提出属于常务委员会职权范围内的议案,由主任会议决定是否提请常务委员会会议审议,或者先交有关的专门委员会审议、提出报告,再决定是否提请常务委员会会议审议。

第五十三条　在常务委员会会议期间,省、自治区、直辖市、自治州、设区的市的人民代表大会常务委员会组成人员五人以上联名,县级的人民代表大会常务委员会组成人员三人以上联名,可以向常务委员会书面提出对本级人民政府及其工作部门、监察委员会、人民法院、人民检察院的质询案。质询案必须写明质询对象、质询的问题和内容。

质询案由主任会议决定交由受质询机关在常务委员会全体会议上或者有关的专门委员会会议上口头答复,或者由受质询机关书面答复。在专门委员会会议上答复的,提质询案的常务委员会组成人员有权列席会议,发表意见;主任会议认为必要的时候,可以将答复质询案的情况报告印发会议。

质询案以口头答复的,应当由受质询机关的负责人到会答复;质询案以书面答复的,应当由受质询机关的负责人签署,由主任会议印发会议或者印发提质询案的常务委员会组成人员。

第五十四条　省、自治区、直辖市、自治州、设区的市的人民代表大会常务委员会主任、副主任和秘书长组成主任会议;县、自治县、不设区的市、市辖区的人民代表大会常务委员会主任、副主任组成主任会议。

主任会议处理常务委员会的重要日常工作:

(一)决定常务委员会每次会议的会期,拟订会议议程草案,必要时提出调整会议议程的建议;

(二)对向常务委员会提出的议案和质询案,决定交由有关的专门委员会审议或者提请常务委员会全体会议审议;

（三）决定是否将议案和决定草案、决议草案提请常务委员会全体会议表决，对暂不交付表决的，提出下一步处理意见；

（四）通过常务委员会年度工作计划等；

（五）指导和协调专门委员会的日常工作；

（六）其他重要日常工作。

第五十五条　常务委员会主任因为健康情况不能工作或者缺位的时候，由常务委员会在副主任中推选一人代理主任的职务，直到主任恢复健康或者人民代表大会选出新的主任为止。

第四节　常务委员会各委员会和工作机构

第五十六条　县级以上的地方各级人民代表大会常务委员会设立代表资格审查委员会。

代表资格审查委员会的主任委员、副主任委员和委员的人选，由常务委员会主任会议在常务委员会组成人员中提名，常务委员会任免。

第五十七条　代表资格审查委员会审查代表的选举是否符合法律规定。

第五十八条　主任会议或者五分之一以上的常务委员会组成人员书面联名，可以向本级人民代表大会常务委员会提议组织关于特定问题的调查委员会，由全体会议决定。

调查委员会由主任委员、副主任委员和委员组成，由主任会议在常务委员会组成人员和其他代表中提名，提请全体会议通过。

调查委员会应当向本级人民代表大会常务委员会提出调查报告。常务委员会根据调查委员会的报告，可以作出相应的决议。

第五十九条　常务委员会根据工作需要，设立办事机构和法制工作委员会、预算工作委员会、代表工作委员会等工作机构。

省、自治区的人民代表大会常务委员会可以在地区设立工作机构。

市辖区、不设区的市的人民代表大会常务委员会可以在街道设立工作机构。工作机构负责联系街道辖区内的人民代表大会代表，组织代表开展活动，反映代表和群众的建议、批评和意见，办理常务委员会交办的监督、选举以及其他工作，并向常务委员会报告工作。

县、自治县的人民代表大会常务委员会可以比照前款规定，在街道设立工作机构。

第六十条　县级以上的地方各级人民代表大会常务委员会和各专门委员会、工作机构应当建立健全常务委员会组成人员和各专门委员会、工作机构联系代表的工作机制，支持和保障代表依法履职，扩大代表对各项工作的参与，充分发挥代表作用。

县级以上的地方各级人民代表大会常务委员会通过建立基层联系点、代表联络站等方式，密切同人民群众的联系，听取对立法、监督等工作的意见和建议。

第四章　地方各级人民政府

第一节　一般规定

第六十一条　省、自治区、直辖市、自治州、县、自治县、市、市辖区、乡、民族乡、镇设立人民政府。

第六十二条　地方各级人民政府应当维护宪法和法律权威，坚持依法行政，建设职能科学、权责法定、执法严明、公开公正、智能高效、廉洁诚信、人民满意的法治政府。

第六十三条　地方各级人民政府应当坚持以人民为中心，全心全意为人民服务，提高行政效能，建设服务型政府。

第六十四条　地方各级人民政府应当严格执行廉洁从政各项规定，加强廉政建设，建设廉洁政府。

第六十五条　地方各级人民政府应当坚持诚信原则，加强政务诚信建设，建设诚信政府。

第六十六条　地方各级人民政府应当坚持政务公开，全面推进决策、执行、管理、服务、结果公开，依法、及时、准确公开政府信息，推进政务数据有序共享，提高政府工作的透明度。

第六十七条　地方各级人民政府应当坚持科学决策、民主决策、依法决策，提高决策的质量。

第六十八条　地方各级人民政府应当依法接受监督，确保行政权力依法正确行使。

第六十九条　地方各级人民政府对本级人民代表大会和上一级国家行政机关负责并报告工作。县级以上的地方各级人民政府在本级人民代表大会闭会期间,对本级人民代表大会常务委员会负责并报告工作。

全国地方各级人民政府都是国务院统一领导下的国家行政机关,都服从国务院。

地方各级人民政府实行重大事项请示报告制度。

第二节　地方各级人民政府的组成和任期

第七十条　省、自治区、直辖市、自治州、设区的市的人民政府分别由省长、副省长,自治区主席、副主席,市长、副市长,州长、副州长和秘书长、厅长、局长、委员会主任等组成。

县、自治县、不设区的市、市辖区的人民政府分别由县长、副县长,市长、副市长,区长、副区长和局长、科长等组成。

乡、民族乡的人民政府设乡长、副乡长。民族乡的乡长由建立民族乡的少数民族公民担任。镇人民政府设镇长、副镇长。

第七十一条　新的一届人民政府领导人员依法选举产生后,应当在两个月内提请本级人民代表大会常务委员会任命人民政府秘书长、厅长、局长、委员会主任、科长。

第七十二条　地方各级人民政府每届任期五年。

第三节　地方各级人民政府的职权

第七十三条　县级以上的地方各级人民政府行使下列职权:

(一)执行本级人民代表大会及其常务委员会的决议,以及上级国家行政机关的决定和命令,规定行政措施,发布决定和命令;

(二)领导所属各工作部门和下级人民政府的工作;

(三)改变或者撤销所属各工作部门的不适当的命令、指示和下级人民政府的不适当的决定、命令;

(四)依照法律的规定任免、培训、考核和奖惩国家行政机关工作人员;

(五)编制和执行国民经济和社会发展规划纲要、计划和预算,管理本行政区域内的经济、教育、科学、文化、卫生、体育、城乡建设等事业和生态环境保护、自然资源、财政、民政、社会保障、公安、民族事务、司法行政、人口与计划生育等行政工作;

(六)保护社会主义的全民所有的财产和劳动群众集体所有的财产,保护公民私人所有的合法财产,维护社会秩序,保障公民的人身权利、民主权利和其他权利;

(七)履行国有资产管理职责;

(八)保护各种经济组织的合法权益;

(九)铸牢中华民族共同体意识,促进各民族广泛交往交流交融,保障少数民族的合法权利和利益,保障少数民族保持或者改革自己的风俗习惯的自由,帮助本行政区域内的民族自治地方依照宪法和法律实行区域自治,帮助各少数民族发展政治、经济和文化的建设事业;

(十)保障宪法和法律赋予妇女的男女平等、同工同酬和婚姻自由等各项权利;

(十一)办理上级国家行政机关交办的其他事项。

第七十四条　省、自治区、直辖市的人民政府可以根据法律、行政法规和本省、自治区、直辖市的地方性法规,制定规章,报国务院和本级人民代表大会常务委员会备案。设区的市、自治州的人民政府可以根据法律、行政法规和本省、自治区的地方性法规,依照法律规定的权限制定规章,报国务院和省、自治区的人民代表大会常务委员会、人民政府以及本级人民代表大会常务委员会备案。

依照前款规定制定规章,须经各该级政府常务会议或者全体会议讨论决定。

第七十五条　县级以上的地方各级人民政府制定涉及个人、组织权利义务的规范性文件,应当依照法定权限和程序,进行评估论证、公开征求意见、合法性审查、集体讨论决定,并予以公布和备案。

第七十六条　乡、民族乡、镇的人民政府行使下列职权:

(一)执行本级人民代表大会的决议和上级国家行政机关的决定和命令,发布决定和命令;

(二)执行本行政区域内的经济和社会发展计划、预算,管理本行政区域内的经济、教育、科学、文化、卫生、体育等事业和生态环境保护、财政、民政、

社会保障、公安、司法行政、人口与计划生育等行政工作;

(三)保护社会主义的全民所有的财产和劳动群众集体所有的财产,保护公民私人所有的合法财产,维护社会秩序,保障公民的人身权利、民主权利和其他权利;

(四)保护各种经济组织的合法权益;

(五)铸牢中华民族共同体意识,促进各民族广泛交往交流交融,保障少数民族的合法权利和利益,保障少数民族保持或者改革自己的风俗习惯的自由;

(六)保障宪法和法律赋予妇女的男女平等、同工同酬和婚姻自由等各项权利;

(七)办理上级人民政府交办的其他事项。

第七十七条 地方各级人民政府分别实行省长、自治区主席、市长、州长、县长、区长、乡长、镇长负责制。

省长、自治区主席、市长、州长、县长、区长、乡长、镇长分别主持地方各级人民政府的工作。

第七十八条 县级以上的地方各级人民政府会议分为全体会议和常务会议。全体会议由本级人民政府全体成员组成。省、自治区、直辖市、自治州、设区的市的人民政府常务会议,分别由省长、副省长,自治区主席、副主席,市长、副市长,州长、副州长和秘书长组成。县、自治县、不设区的市、市辖区的人民政府常务会议,分别由县长、副县长,市长、副市长,区长、副区长组成。省长、自治区主席、市长、州长、县长、区长召集和主持本级人民政府全体会议和常务会议。政府工作中的重大问题,须经政府常务会议或者全体会议讨论决定。

第四节 地方各级人民政府的机构设置

第七十九条 地方各级人民政府根据工作需要和优化协同高效以及精干的原则,设立必要的工作部门。

县级以上的地方各级人民政府设立审计机关。地方各级审计机关依照法律规定独立行使审计监督权,对本级人民政府和上一级审计机关负责。

省、自治区、直辖市的人民政府的厅、局、委员会等工作部门和自治州、县、自治县、市、市辖区的人民政府的局、科等工作部门的设立、增加、减少或者合并,按照规定程序报请批准,并报本级人民代表大会常务委员会备案。

第八十条　县级以上的地方各级人民政府根据国家区域发展战略,结合地方实际需要,可以共同建立跨行政区划的区域协同发展工作机制,加强区域合作。

上级人民政府应当对下级人民政府的区域合作工作进行指导、协调和监督。

第八十一条　县级以上的地方各级人民政府根据应对重大突发事件的需要,可以建立跨部门指挥协调机制。

第八十二条　各厅、局、委员会、科分别设厅长、局长、主任、科长,在必要的时候可以设副职。

办公厅、办公室设主任,在必要的时候可以设副主任。

省、自治区、直辖市、自治州、设区的市的人民政府设秘书长一人,副秘书长若干人。

第八十三条　省、自治区、直辖市的人民政府的各工作部门受人民政府统一领导,并且依照法律或者行政法规的规定受国务院主管部门的业务指导或者领导。

自治州、县、自治县、市、市辖区的人民政府的各工作部门受人民政府统一领导,并且依照法律或者行政法规的规定受上级人民政府主管部门的业务指导或者领导。

第八十四条　省、自治区、直辖市、自治州、县、自治县、市、市辖区的人民政府应当协助设立在本行政区域内不属于自己管理的国家机关、企业、事业单位进行工作,并且监督它们遵守和执行法律和政策。

第八十五条　省、自治区的人民政府在必要的时候,经国务院批准,可以设立若干派出机关。

县、自治县的人民政府在必要的时候,经省、自治区、直辖市的人民政府批准,可以设立若干区公所,作为它的派出机关。

市辖区、不设区的市的人民政府,经上一级人民政府批准,可以设立若干街道办事处,作为它的派出机关。

第八十六条　街道办事处在本辖区内办理派出它的人民政府交办的公共服务、公共管理、公共安全等工作,依法履行综合管理、统筹协调、应急处置和行政执法等职责，反映居民的意见和要求。

第八十七条　乡、民族乡、镇的人民政府和市辖区、不设区的市的人民政府或者街道办事处对基层群众性自治组织的工作给予指导、支持和帮助。基层群众性自治组织协助乡、民族乡、镇的人民政府和市辖区、不设区的市的人民政府或者街道办事处开展工作。

第八十八条　乡、民族乡、镇的人民政府和街道办事处可以根据实际情况建立居民列席有关会议的制度。

第五章　附　　则

第八十九条　自治区、自治州、自治县的自治机关除行使本法规定的职权外，同时依照宪法、民族区域自治法和其他法律规定的权限行使自治权。

第九十条　省、自治区、直辖市的人民代表大会及其常务委员会可以根据本法和实际情况，对执行中的问题作具体规定。

中华人民共和国各级人民代表大会常务委员会监督法

（2006年8月27日第十届全国人民代表大会常务委员会第二十三次会议通过　根据2024年11月8日第十四届全国人民代表大会常务委员会第十二次会议《关于修改〈中华人民共和国各级人民代表大会常务委员会监督法〉的决定》修正）

目　　录

第一章　总　　则

第一条　为了保障全国人民代表大会常务委员会和县级以上地方各级人民代表大会常务委员会依法行使监督职权，坚持好、完善好、运行好人民代表大会制度，发展社会主义民主政治，推进全面依法治国，根据宪法，制定本法。

第二条　各级人民代表大会常务委员会依据宪法和有关法律的规定，行使监督职权。

各级人民代表大会常务委员会行使监督职权的程序，适用本法；本法没有规定的，适用有关法律的规定。

第三条　各级人民代表大会常务委员会行使监督职权，应当坚持中国共产党的领导，坚持以马克思列宁主义、毛泽东思想、邓小平理论、“三个代表”重要思想、科学发展观、习近平新时代中国特色社会主义思想为指导，坚持中国特色社会主义道路，确保宪法和法律、法规得到全面有效实施，确保行政权、监察权、审判权、检察权依法正确行使。

第四条　各级人民代表大会常务委员会行使监督职权，应当围绕党和国家工作大局，以经济建设为中心，坚持改革开放，贯彻新发展理念，推动高质量发展，保障全面建设社会主义现代化国家、以中国式现代化全面推进中华民族伟大复兴。

第五条　全国人民代表大会常务委员会监督宪法和法律的实施，地方各级人民代表大会及其常务委员会在本行政区域内保证宪法、法律、行政法规和上级人民代表大会及其常务委员会决议的遵守和执行，维护国家法治统一、尊严、权威。

第六条　各级人民代表大会常务委员会对本级人民政府、监察委员会、人民法院和人民检察院的工作实施监督，实行正确监督、有效监督、依法监督，促进依法行政、依法监察、公正司法。

各级人民政府、监察委员会、人民法院和人民检察院应当严格依法行使职权、履行职责、开展工作，自觉接受本级人民代表大会常务委员会的监督。

第七条　各级人民代表大会常务委员会行使监督职权，应当坚持和发展全过程人民民主，尊重和保障人权，维护和促进社会公平正义。

各级人民代表大会常务委员会应当扩大人民代表大会代表对监督工作的参与，充分发挥代表作用。

第八条　各级人民代表大会常务委员会按照民主集中制的原则，集体行使监督职权。

第九条　各级人民代表大会常务委员会行使监督职权的情况，应当向本级人民代表大会报告，接受监督。

第十条　各级人民代表大会常务委员会行使监督职权的情况，向社会公开。

第二章　听取和审议专项工作报告

第十一条　各级人民代表大会常务委员会每年选择若干关系改革发展稳定大局和群众切身利益、社会普遍关注的重大问题，有计划地安排听取和审议本级人民政府、监察委员会、人民法院和人民检察院的专项工作报告。

第十二条　常务委员会听取和审议本级人民政府、监察委员会、人民法院和人民检察院的专项工作报告的议题，根据有关法律的规定和下列途径反映的问题确定：

（一）本级人民代表大会常务委员会在执法检查中发现的突出问题；

（二）本级人民代表大会代表对人民政府、监察委员会、人民法院和人民检察院工作提出的建议、批评和意见集中反映的问题；

（三）本级人民代表大会常务委员会组成人员提出的比较集中的问题；

（四）本级人民代表大会专门委员会、常务委员会工作机构在调查研究中发现的突出问题；

(五)人民来信来访集中反映的问题；

(六)社会普遍关注的其他问题。

人民政府、监察委员会、人民法院和人民检察院可以向本级人民代表大会常务委员会要求报告专项工作。

常务委员会根据法律规定,听取和审议本级人民政府关于环境状况和环境保护目标完成情况的报告。

第十三条　常务委员会听取和审议专项工作报告前,委员长会议或者主任会议可以组织本级人民代表大会常务委员会组成人员和本级人民代表大会代表,对有关工作进行视察或者专题调查研究。

常务委员会可以安排参加视察或者专题调查研究的代表列席常务委员会会议,听取专项工作报告,提出意见。

常务委员会听取和审议专项工作报告前,本级人民代表大会有关专门委员会或者常务委员会有关工作机构可以进行专题调查研究,提出报告并印发常务委员会会议。

第十四条　常务委员会听取和审议专项工作报告前,常务委员会办事机构应当将各方面对该项工作的意见汇总,交由本级人民政府、监察委员会、人民法院或者人民检察院研究并在专项工作报告中作出回应。

第十五条　人民政府、监察委员会、人民法院或者人民检察院应当在常务委员会举行会议的二十日前,由其办事机构将专项工作报告送交本级人民代表大会有关专门委员会或者常务委员会有关工作机构征求意见；人民政府、监察委员会、人民法院或者人民检察院对报告修改后,在常务委员会举行会议的十日前送交常务委员会。

常务委员会办事机构应当在常务委员会举行会议的七日前,将专项工作报告发给常务委员会组成人员。

第十六条　专项工作报告由人民政府、监察委员会、人民法院或者人民检察院的负责人向本级人民代表大会常务委员会报告,人民政府也可以委托有关部门负责人向本级人民代表大会常务委员会报告。

委员长会议或者主任会议可以决定将报告交有关专门委员会审议。

第十七条　常务委员会组成人员对专项工作报告的审议意见交由本级人民政府、监察委员会、人民法院或者人民检察院研究处理。人民政府、监察委员会、人民法院或者人民检察院应当将研究处理情况由其办事机构送交本级人民代表大会有关专门委员会或者常务委员会有关工作机构征求意见后，向常务委员会提出书面报告。常务委员会认为必要时，可以对专项工作报告作出决议；本级人民政府、监察委员会、人民法院或者人民检察院应当在决议规定的期限内，将执行决议的情况向常务委员会报告。

委员长会议或者主任会议可以决定将审议意见研究处理情况或者执行决议情况的报告提请常务委员会审议。必要时，常务委员会可以组织开展跟踪监督。

常务委员会听取的专项工作报告及审议意见，人民政府、监察委员会、人民法院或者人民检察院对审议意见研究处理情况或者执行决议情况的报告，向本级人民代表大会代表通报并向社会公布。

第三章　财政经济工作监督

第十八条　本法所称财政经济工作监督，是指常务委员会依法对下列事项进行监督：

（一）审查和批准本级决算；

（二）国民经济和社会发展五年规划纲要实施情况，国民经济和社会发展计划执行情况；

（三）预算执行情况；

（四）审查和批准国民经济和社会发展五年规划纲要、计划的调整方案；

（五）审查和批准预算调整方案；

（六）国有资产管理情况；

（七）政府债务管理情况；

（八）金融工作情况；

（九）预算执行和其他财政收支的审计工作情况、审计查出问题整改情况；

（十）财政经济领域其他重要事项。

第十九条　国务院应当在每年六月，将上一年度的中央决算草案提请全国人民代表大会常务委员会审查和批准。

县级以上地方各级人民政府应当在每年六月至九月期间，将上一年度的本级决算草案提请本级人民代表大会常务委员会审查和批准。

决算草案应当按照本级人民代表大会批准的预算所列科目编制,按预算数、调整预算数以及决算数分别列出,并作出说明。

第二十条　国务院和县级以上地方各级人民政府应当在每年六月至九月期间,向本级人民代表大会常务委员会报告本年度上一阶段国民经济和社会发展计划、预算的执行情况。

第二十一条　常务委员会根据《中华人民共和国预算法》和全国人民代表大会常务委员会的有关决定,确定对决算草案和预算执行情况报告的重点审查内容。

第二十二条　国民经济和社会发展计划、预算经人民代表大会批准后,在执行过程中需要作部分调整的,国务院和县级以上地方各级人民政府应当将调整方案提请本级人民代表大会常务委员会审查和批准。

第二十三条　国民经济和社会发展五年规划纲要经人民代表大会批准后,在实施的中期阶段,人民政府应当将规划纲要实施情况的中期评估报告提请本级人民代表大会常务委员会审议。规划纲要经中期评估需要调整的,人民政府应当将调整方案提请本级人民代表大会常务委员会审查和批准。

第二十四条　常务委员会应当对国有资产管理情况进行监督,建立健全国有资产管理情况报告制度。

国务院和县级以上地方各级人民政府应当每年向本级人民代表大会常务委员会报告国有资产管理情况。

第二十五条　常务委员会应当对政府债务进行监督,建立健全政府债务管理情况报告制度。

国务院和县级以上地方各级人民政府应当每年向本级人民代表大会常务委员会报告政府债务管理情况。

第二十六条　常务委员会应当对金融工作进行监督,建立健全金融工作情况报告制度。

国务院应当每年向全国人民代表大会常务委员会报告金融工作有关情况。

第二十七条　常务委员会每年审查和批准决算的同时,听取和审议本级人民政府提出的审计机关关于上一年度预算执行和其他财政收支的审计工作报告。

常务委员会在听取和审议审计工作报告后的六个月内，听取和审议本级人民政府关于审计查出问题整改情况的报告。常务委员会认为必要时，可以对审计工作报告、审计查出问题整改情况报告作出决议。

第二十八条 常务委员会开展财政经济工作监督，可以组织开展专题调查研究，提出报告。

专题调查研究报告印发常务委员会会议；必要时，委员长会议或者主任会议可以决定将有关专题调查研究报告提请常务委员会审议。

第二十九条 常务委员会组成人员对本章规定的有关报告的审议意见交由本级人民政府研究处理。人民政府应当将研究处理情况由其办事机构送交本级人民代表大会有关专门委员会或者常务委员会有关工作机构征求意见后，向常务委员会提出书面报告。常务委员会认为必要时，可以对有关报告作出决议；本级人民政府应当在决议规定的期限内，将执行决议的情况向常务委员会报告。

委员长会议或者主任会议可以决定将审议意见研究处理情况或者执行决议情况的报告提请常务委员会审议。必要时，常务委员会可以组织开展跟踪监督。

常务委员会听取的本章规定的有关报告及审议意见，人民政府对审议意见研究处理情况或者执行决议情况的报告，向本级人民代表大会代表通报并向社会公布。

第三十条 常务委员会运用现代信息技术开展联网监督，建立健全信息共享和工作贯通协调机制，提高财政经济工作监督效能。

第四章 法律法规实施情况的检查

第三十一条 各级人民代表大会常务委员会参照本法第十二条规定的途径，每年选择若干关系改革发展稳定大局和群众切身利益、社会普遍关注的重大问题，有计划地对有关法律、法规或者相关法律制度实施情况组织执法检查。

第三十二条 常务委员会执法检查工作由本级人民代表大会有关专门委员会或者常务委员会有关工作机构具体组织实施。

执法检查前，本级人民代表大会有关专门委员会或者常务委员会有关工作机构可以对重点问题开展专题调查研究。

第三十三条　常务委员会按照精干、效能的原则,组织执法检查组。

执法检查组的组成人员,从本级人民代表大会常务委员会组成人员以及本级人民代表大会有关专门委员会组成人员或者常务委员会有关工作机构的人员中确定,并可以邀请本级人民代表大会代表参加。

第三十四条　全国人民代表大会常务委员会和省、自治区、直辖市的人民代表大会常务委员会根据需要,可以委托下一级人民代表大会常务委员会对有关法律、法规或者相关法律制度在本行政区域内的实施情况进行检查。受委托的人民代表大会常务委员会应当将检查情况书面报送上一级人民代表大会常务委员会。

上级人民代表大会常务委员会根据需要,可以与下级人民代表大会常务委员会联动开展执法检查。

有关地方人民代表大会常务委员会根据区域协调发展的需要,可以协同开展执法检查。

第三十五条　执法检查可以采取座谈会、实地检查、第三方评估、问卷调查或者抽查等形式,深入了解情况,广泛听取意见。

第三十六条　执法检查结束后,执法检查组应当及时提出执法检查报告,由委员长会议或者主任会议决定提请常务委员会审议。

执法检查报告包括下列内容:

(一)对所检查的法律、法规或者相关法律制度实施情况进行评价,提出执法中存在的问题和改进执法工作的建议;

(二)对有关法律、法规提出修改完善的建议。

第三十七条　常务委员会组成人员对执法检查报告的审议意见及执法检查报告交由本级人民政府、监察委员会、人民法院或者人民检察院研究处理。人民政府、监察委员会、人民法院或者人民检察院应当将研究处理情况由其办事机构送交本级人民代表大会有关专门委员会或者常务委员会有关工作机构征求意见后,向常务委员会提出书面报告。常务委员会认为必要时,可以对执法检查报告作出决议;本级人民政府、监察委员会、人民法院或者人民检察院应当在决议规定的期限内,将执行决议的情况向常务委员会报告。

委员长会议或者主任会议可以决定将人民政府、监察委员会、人民法院或者人民检察院对执法检查报告及审议意见研究处理情况或者执行决议情况的报告提请常务委员会审议。必要时,常务委员会可以组织跟踪检查,也可以委托本级人民代表大会有关专门委员会或者常务委员会有关工作机构组织跟踪检查。

常务委员会的执法检查报告及审议意见,人民政府、监察委员会、人民法院或者人民检察院对其研究处理情况或者执行决议情况的报告,向本级人民代表大会代表通报并向社会公布。

第五章 规范性文件的备案审查

第三十八条 行政法规、监察法规、地方性法规、自治条例和单行条例、规章等的备案、审查和撤销,依照《中华人民共和国立法法》和全国人民代表大会常务委员会的有关决定办理。

第三十九条 县级以上地方各级人民代表大会常务委员会对下一级人民代表大会及其常务委员会作出的决议、决定和本级人民政府、监察委员会、人民法院、人民检察院制定的规范性文件,经审查,认为有下列不适当的情形之一的,有权予以撤销:

(一)超越法定权限,限制或者剥夺公民、法人和其他组织的合法权利,或者增加公民、法人和其他组织的义务的;

(二)同法律、法规规定相抵触的;

(三)有其他不适当的情形,应当予以撤销的。

第四十条 县级以上地方各级人民代表大会常务委员会审查、撤销下一级人民代表大会及其常务委员会作出的不适当的决议、决定和本级人民政府、监察委员会、人民法院、人民检察院制定的不适当的规范性文件的程序,由省、自治区、直辖市的人民代表大会常务委员会参照《中华人民共和国立法法》和全国人民代表大会常务委员会的有关决定,作出具体规定。

第四十一条 最高人民法院、最高人民检察院作出的属于审判、检察工作中具体应用法律的解释,应当自公布之日起三十日内报全国人民代表大会常务委员会备案。

第四十二条 国务院、中央军事委员会、国家监察委员会和省、自治区、直辖市的人民代表大会常务委员会认为最高人民法院、最高人民检察院作出的具体应用法律的解释同宪法或者法律相抵触,或者存在合宪性、合法性问题的,最高人民法院、最高人民检察院之间认为对方作出的具体应用法律的解释同宪法或者法律相抵触,或者存在合宪性、合法性问题的,可以向全国人民代表大会常务委员会书面提出进行审查的要求,由全国人民代表大会有关专门委员会和常务委员会工作机构进行审查、提出意见。

前款规定以外的其他国家机关和社会团体、企业事业组织以及公民认为最高人民法院、最高人民检察院作出的具体应用法律的解释同宪法或者法律相抵触的,可以向全国人民代表大会常务委员会书面提出进行审查的建议,由常务委员会工作机构进行审查;必要时,送有关专门委员会进行审查、提出意见。

全国人民代表大会有关专门委员会、常务委员会工作机构可以对报送备案的具体应用法律的解释进行主动审查,并可以根据需要进行专项审查。

第四十三条 全国人民代表大会宪法和法律委员会、有关专门委员会、常务委员会工作机构经审查认为最高人民法院或者最高人民检察院作出的具体应用法律的解释同宪法或者法律相抵触,或者存在合宪性、合法性问题需要修改或者废止,而最高人民法院或者最高人民检察院不予修改或者废止的,应当提出撤销或者要求最高人民法院或者最高人民检察院予以修改、废止的议案、建议,或者提出由全国人民代表大会常务委员会作出法律解释的议案、建议,由委员长会议决定提请常务委员会审议。

第四十四条 备案审查机关应当建立健全备案审查衔接联动机制,对应当由其他机关处理的审查要求或者审查建议,及时移送有关机关处理。

第四十五条 常务委员会应当每年听取和审议备案审查工作情况报告。

第六章 询问、专题询问和质询

第四十六条 各级人民代表大会常务委员会会议审议议案和有关报告时,本级人民政府或者有关部门、监察委员会、人民法院或者人民检察院应当派有关负责人员到会,听取意见,回答询问。

第四十七条 各级人民代表大会常务委员会围绕关系改革发展稳定大局和群众切身利益、社会普遍关注的重大问题,可以召开全体会议、联组会议或者分组会议,进行专题询问。本级人民政府及其有关部门、监察委员会、人民法院或者人民检察院的负责人应当到会，听取意见，回答询问。

第四十八条 专题询问应当坚持问题导向，增强针对性、实效性，积极回应社会关切。

专题询问可以结合审议专项工作报告、执法检查报告或者其他报告进行。

第四十九条 常务委员会开展专题询问前，可以组织开展专题调查研究，深入了解情况，广泛听取意见。

常务委员会办事机构应当及时将有关专题调查研究报告和汇总的有关方面意见发给常务委员会组成人员。

第五十条 专题询问中提出的意见交由有关国家机关研究处理，有关国家机关应当及时向常务委员会提交研究处理情况报告。必要时，委员长会议或者主任会议可以决定将研究处理情况报告提请常务委员会审议。

第五十一条 全国人民代表大会常务委员会组成人员十人以上联名，省、自治区、直辖市、自治州、设区的市人民代表大会常务委员会组成人员五人以上联名，县级人民代表大会常务委员会组成人员三人以上联名，可以向常务委员会书面提出对本级人民政府及其部门和监察委员会、人民法院、人民检察院的质询案。

质询案应当写明质询对象、质询的问题和内容。

第五十二条 质询案由委员长会议或者主任会议决定交由受质询的机关答复。

委员长会议或者主任会议可以决定由受质询机关在常务委员会会议上或者有关专门委员会会议上口头答复，或者由受质询机关书面答复。在专门委员会会议上答复的，提质询案的常务委员会组成人员有权列席会议，发表意见。委员长会议或者主任会议认为必要时，可以将答复质询案的情况报告印发常务委员会会议。

第五十三条 提质询案的常务委员会组成人员的过半数对受质询机关的答复不满意的，可以提出要求，经委员长会议或者主任会议决定，由受质询机关再作答复。

第五十四条 质询案以口头答复的，由受质询机关的负责人到会答复。质询案以书面答复的，由受质询机关的负责人签署。

第七章 特定问题调查

第五十五条 各级人民代表大会常务委员会对属于其职权范围内的事项,需要作出决议、决定,但有关重大事实不清的,可以组织关于特定问题的调查委员会。

第五十六条 委员长会议或者主任会议可以向本级人民代表大会常务委员会提议组织关于特定问题的调查委员会,提请常务委员会审议。

五分之一以上常务委员会组成人员书面联名,可以向本级人民代表大会常务委员会提议组织关于特定问题的调查委员会,由委员长会议或者主任会议决定提请常务委员会审议,或者先交有关的专门委员会审议、提出报告,再决定提请常务委员会审议。

第五十七条 调查委员会由主任委员、副主任委员和委员组成,由委员长会议或者主任会议在本级人民代表大会常务委员会组成人员和本级人民代表大会代表中提名,提请常务委员会审议通过。调查委员会可以聘请有关专家参加调查工作。

与调查的问题有利害关系的常务委员会组成人员和其他人员不得参加调查委员会。

第五十八条 调查委员会进行调查时,有关的国家机关、社会团体、企业事业组织和公民都有义务向其提供必要的材料。

提供材料的公民要求对材料来源保密的,调查委员会应当予以保密。

调查委员会在调查过程中,可以不公布调查的情况和材料。

第五十九条 调查委员会应当向产生它的常务委员会提出调查报告。常务委员会根据报告,可以作出相应的决议、决定。

第八章 撤职案的审议和决定

第六十条 县级以上地方各级人民代表大会常务委员会在本级人民代表大会闭会期间,可以决定撤销本级人民政府个别副省长、自治区副主席、副市长、副州长、副县长、副区长的职务;可以撤销由它任命的本级人民政府其他组成人员和监察委员会副主任、委员,人民法院副院长、庭长、副庭长、审判委员会委员、审判员,人民检察院副检察长、检察委员会委员、检察员,中级人民法院院长,人民检察院分院检察长的职务。

第六十一条 县级以上地方各级人民政府、监察委员会、人民法院和人民检察院,可以向本级人民代表大会常务委员会提出对本法第六十条所列国家机关工作人员的撤职案。

县级以上地方各级人民代表大会常务委员会主任会议,可以向常务委员会提出对本法第六十条所列国家机关工作人员的撤职案。

县级以上地方各级人民代表大会常务委员会五分之一以上的组成人员书面联名,可以向常务委员会提出对本法第六十条所列国家机关工作人员的撤职案,由主任会议决定是否提请常务委员会会议审议;或者由主任会议提议,经全体会议决定,组织调查委员会,由以后的常务委员会会议根据调查委员会的报告审议决定。

第六十二条 撤职案应当写明撤职的对象和理由,并提供有关的材料。

撤职案在提请表决前,被提出撤职的人员有权在常务委员会会议上提出申辩意见,或者书面提出申辩意见,由主任会议决定印发常务委员会会议。

撤职案的表决采用无记名投票的方式,由常务委员会全体组成人员的过半数通过。

第九章 附 则

第六十三条 各级人民代表大会常务委员会制定年度监督工作计划,加强工作统筹,综合运用听取和审议专项工作报告、执法检查、专题询问、专题调研等方式进行监督,增强监督工作的针对性、协调性、实效性。

年度监督工作计划由委员长会议或者主任会议通过并向社会公布。

年度监督工作计划可以根据实际需要作出适当调整。

第六十四条 省、自治区、直辖市的人民代表大会常务委员会可以根据本法和有关法律,结合本地实际情况,制定实施办法。

第六十五条 本法自 2007 年 1 月 1 日起施行。

中华人民共和国监察法

（2018年3月20日第十三届全国人民代表大会第一次会议通过　根据2024年12月25日第十四届全国人民代表大会常务委员会第十三次会议《关于修改〈中华人民共和国监察法〉的决定》修正）

目　　录

第一章　总　　则

第一条　为了深入开展廉政建设和反腐败工作，加强对所有行使公权力的公职人员的监督，实现国家监察全面覆盖，持续深化国家监察体制改革，推进国家治理体系和治理能力现代化，根据宪法，制定本法。

第二条　坚持中国共产党对国家监察工作的领导，以马克思列宁主义、毛泽东思想、邓小平理论、"三个代表"重要思想、科学发展观、习近平新时代中国特色社会主义思想为指导，构建集中统一、权威高效的中国特色国家监察体制。

第三条　各级监察委员会是行使国家监察职能的专责机关，依照本法对所有行使公权力的公职人员（以下称公职人员）进行监察，调查职务违法和职务犯罪，开展廉政建设和反腐败工作，维护宪法和法律的尊严。

第四条　监察委员会依照法律规定独立行使监察权，不受行政机关、社会团体和个人的干涉。

监察机关办理职务违法和职务犯罪案件，应当与审判机关、检察机关、执法部门互相配合，互相制约。

监察机关在工作中需要协助的，有关机关和单位应当根据监察机关的要求依法予以协助。

第五条　国家监察工作严格遵照宪法和法律，以事实为根据，以法律为准绳；权责对等，严格监督；遵守法定程序，公正履行职责；尊重和保障人权，在适用法律上一律平等，保障监察对象及相关人员的合法权益；惩戒与教育相结合，宽严相济。

第六条　国家监察工作坚持标本兼治、综合治理，强化监督问责，严厉惩治腐败；深化改革、健全法治，有效制约和监督权力；加强法治教育和道德教育，弘扬中华优秀传统文化，构建不敢腐、不能腐、不想腐的长效机制。

第二章　监察机关及其职责

第七条　中华人民共和国国家监察委员会是最高监察机关。

省、自治区、直辖市、自治州、县、自治县、市、市辖区设立监察委员会。

第八条　国家监察委员会由全国人民代表大会产生，负责全国监察工作。

国家监察委员会由主任、副主任若干人、委员若干人组成，主任由全国人民代表大会选举，副主任、委员由国家监察委员会主任提请全国人民代表大会常务委员会任免。

国家监察委员会主任每届任期同全国人民代表大会每届任期相同，连续任职不得超过两届。

国家监察委员会对全国人民代表大会及其常务委员会负责,并接受其监督。

第九条　地方各级监察委员会由本级人民代表大会产生,负责本行政区域内的监察工作。

地方各级监察委员会由主任、副主任若干人、委员若干人组成,主任由本级人民代表大会选举,副主任、委员由监察委员会主任提请本级人民代表大会常务委员会任免。

地方各级监察委员会主任每届任期同本级人民代表大会每届任期相同。

地方各级监察委员会对本级人民代表大会及其常务委员会和上一级监察委员会负责,并接受其监督。

第十条　国家监察委员会领导地方各级监察委员会的工作,上级监察委员会领导下级监察委员会的工作。

第十一条　监察委员会依照本法和有关法律规定履行监督、调查、处置职责:

(一)对公职人员开展廉政教育,对其依法履职、秉公用权、廉洁从政从业以及道德操守情况进行监督检查;

(二)对涉嫌贪污贿赂、滥用职权、玩忽职守、权力寻租、利益输送、徇私舞弊以及浪费国家资财等职务违法和职务犯罪进行调查;

(三)对违法的公职人员依法作出政务处分决定;对履行职责不力、失职失责的领导人员进行问责;对涉嫌职务犯罪的,将调查结果移送人民检察院依法审查、提起公诉;向监察对象所在单位提出监察建议。

第十二条　各级监察委员会可以向本级中国共产党机关、国家机关、中国人民政治协商会议委员会机关、法律法规授权或者委托管理公共事务的组织和单位以及辖区内特定区域、国有企业、事业单位等派驻或者派出监察机构、监察专员。

经国家监察委员会批准,国家监察委员会派驻本级实行垂直管理或者双重领导并以上级单位领导为主的单位、国有企业的监察机构、监察专员,可以向驻在单位的下一级单位再派出。

经国家监察委员会批准,国家监察委员会派驻监察机构、监察专员,可以向驻在单位管理领导班子的普通高等学校再派出;国家监察委员会派驻国务院国有资产监督管理机构的监察机构,可以向驻在单位管理领导班子的国有企业再派出。

监察机构、监察专员对派驻或者派出它的监察委员会或者监察机构、监察专员负责。

第十三条　派驻或者派出的监察机构、监察专员根据授权，按照管理权限依法对公职人员进行监督，提出监察建议，依法对公职人员进行调查、处置。

第十四条　国家实行监察官制度，依法确定监察官的等级设置、任免、考评和晋升等制度。

第三章　监察范围和管辖

第十五条　监察机关对下列公职人员和有关人员进行监察：

（一）中国共产党机关、人民代表大会及其常务委员会机关、人民政府、监察委员会、人民法院、人民检察院、中国人民政治协商会议各级委员会机关、民主党派机关和工商业联合会机关的公务员，以及参照《中华人民共和国公务员法》管理的人员；

（二）法律、法规授权或者受国家机关依法委托管理公共事务的组织中从事公务的人员；

（三）国有企业管理人员；

（四）公办的教育、科研、文化、医疗卫生、体育等单位中从事管理的人员；

（五）基层群众性自治组织中从事管理的人员；

（六）其他依法履行公职的人员。

第十六条　各级监察机关按照管理权限管辖本辖区内本法第十五条规定的人员所涉监察事项。

上级监察机关可以办理下一级监察机关管辖范围内的监察事项，必要时也可以办理所辖各级监察机关管辖范围内的监察事项。

监察机关之间对监察事项的管辖有争议的，由其共同的上级监察机关确定。

第十七条　上级监察机关可以将其所管辖的监察事项指定下级监察机关管辖，也可以将下级监察机关有管辖权的监察事项指定给其他监察机关管辖。

监察机关认为所管辖的监察事项重大、复杂,需要由上级监察机关管辖的,可以报请上级监察机关管辖。

第四章 监察权限

第十八条 监察机关行使监督、调查职权,有权依法向有关单位和个人了解情况,收集、调取证据。有关单位和个人应当如实提供。

监察机关及其工作人员对监督、调查过程中知悉的国家秘密、工作秘密、商业秘密、个人隐私和个人信息,应当保密。

任何单位和个人不得伪造、隐匿或者毁灭证据。

第十九条 对可能发生职务违法的监察对象,监察机关按照管理权限,可以直接或者委托有关机关、人员进行谈话,或者进行函询,要求说明情况。

第二十条 在调查过程中,对涉嫌职务违法的被调查人,监察机关可以进行谈话,要求其就涉嫌违法行为作出陈述,必要时向被调查人出具书面通知。

对涉嫌贪污贿赂、失职渎职等职务犯罪的被调查人,监察机关可以进行讯问,要求其如实供述涉嫌犯罪的情况。

第二十一条 监察机关根据案件情况,经依法审批,可以强制涉嫌严重职务违法或者职务犯罪的被调查人到案接受调查。

第二十二条 在调查过程中,监察机关可以询问证人等人员。

第二十三条 被调查人涉嫌严重职务违法或者职务犯罪,并有下列情形之一的,经监察机关依法审批,可以对其采取责令候查措施:

(一)不具有本法第二十四条第一款所列情形的;

(二)符合留置条件,但患有严重疾病、生活不能自理的,系怀孕或者正在哺乳自己婴儿的妇女,或者生活不能自理的人的唯一扶养人;

(三)案件尚未办结,但留置期限届满或者对被留置人员不需要继续采取留置措施的;

(四)符合留置条件,但因为案件的特殊情况或者办理案件的需要,采取责令候查措施更为适宜的。

被责令候查人员应当遵守以下规定:

（一）未经监察机关批准不得离开所居住的直辖市、设区的市的城市市区或者不设区的市、县的辖区；

（二）住址、工作单位和联系方式发生变动的，在二十四小时以内向监察机关报告；

（三）在接到通知的时候及时到案接受调查；

（四）不得以任何形式干扰证人作证；

（五）不得串供或者伪造、隐匿、毁灭证据。

被责令候查人员违反前款规定，情节严重的，可以依法予以留置。

第二十四条 被调查人涉嫌贪污贿赂、失职渎职等严重职务违法或者职务犯罪，监察机关已经掌握其部分违法犯罪事实及证据，仍有重要问题需要进一步调查，并有下列情形之一的，经监察机关依法审批，可以将其留置在特定场所：

（一）涉及案情重大、复杂的；

（二）可能逃跑、自杀的；

（三）可能串供或者伪造、隐匿、毁灭证据的；

（四）可能有其他妨碍调查行为的。

对涉嫌行贿犯罪或者共同职务犯罪的涉案人员，监察机关可以依照前款规定采取留置措施。

留置场所的设置、管理和监督依照国家有关规定执行。

第二十五条 对于未被留置的下列人员，监察机关发现存在逃跑、自杀等重大安全风险的，经依法审批，可以进行管护：

（一）涉嫌严重职务违法或者职务犯罪的自动投案人员；

（二）在接受谈话、函询、询问过程中，交代涉嫌严重职务违法或者职务犯罪问题的人员；

（三）在接受讯问过程中，主动交代涉嫌重大职务犯罪问题的人员。

采取管护措施后，应当立即将被管护人员送留置场所，至迟不得超过二十四小时。

第二十六条 监察机关调查涉嫌贪污贿赂、失职渎职等严重职务违法或者职务犯罪，根据工作需要，可以依照规定查询、冻结涉案单位和个人的存款、汇款、债券、股票、基金份额等财产。有关单位和个人应当配合。

冻结的财产经查明与案件无关的，应当在查明后三日内解除冻结，予以退还。

第二十七条　监察机关可以对涉嫌职务犯罪的被调查人以及可能隐藏被调查人或者犯罪证据的人的身体、物品、住处和其他有关地方进行搜查。在搜查时,应当出示搜查证,并有被搜查人或者其家属等见证人在场。

搜查女性身体,应当由女性工作人员进行。

监察机关进行搜查时,可以根据工作需要提请公安机关配合。公安机关应当依法予以协助。

第二十八条　监察机关在调查过程中,可以调取、查封、扣押用以证明被调查人涉嫌违法犯罪的财物、文件和电子数据等信息。采取调取、查封、扣押措施,应当收集原物原件,会同持有人或者保管人、见证人,当面逐一拍照、登记、编号,开列清单,由在场人员当场核对、签名,并将清单副本交财物、文件的持有人或者保管人。

对调取、查封、扣押的财物、文件,监察机关应当设立专用账户、专门场所,确定专门人员妥善保管,严格履行交接、调取手续,定期对账核实,不得毁损或者用于其他目的。对价值不明物品应当及时鉴定,专门封存保管。

查封、扣押的财物、文件经查明与案件无关的,应当在查明后三日内解除查封、扣押,予以退还。

第二十九条　监察机关在调查过程中,可以直接或者指派、聘请具有专门知识的人在调查人员主持下进行勘验检查。勘验检查情况应当制作笔录,由参加勘验检查的人员和见证人签名或者盖章。

必要时,监察机关可以进行调查实验。调查实验情况应当制作笔录,由参加实验的人员签名或者盖章。

第三十条　监察机关在调查过程中,对于案件中的专门性问题,可以指派、聘请有专门知识的人进行鉴定。鉴定人进行鉴定后,应当出具鉴定意见,并且签名。

第三十一条　监察机关调查涉嫌重大贪污贿赂等职务犯罪,根据需要,经过严格的批准手续,可以采取技术调查措施,按照规定交有关机关执行。

批准决定应当明确采取技术调查措施的种类和适用对象,自签发之日起三个月以内有效;对于复杂、疑难案件,期限届满仍有必要继续采取技术调查措施的,经过批准,有效期可以延长,每次不得超过三个月。对于不需要继续采取技术调查措施的,应当及时解除。

第三十二条 依法应当留置的被调查人如果在逃,监察机关可以决定在本行政区域内通缉,由公安机关发布通缉令,追捕归案。通缉范围超出本行政区域的,应当报请有权决定的上级监察机关决定。

第三十三条 监察机关为防止被调查人及相关人员逃匿境外,经省级以上监察机关批准,可以对被调查人及相关人员采取限制出境措施,由公安机关依法执行。对于不需要继续采取限制出境措施的,应当及时解除。

第三十四条 涉嫌职务犯罪的被调查人主动认罪认罚,有下列情形之一的,监察机关经领导人员集体研究,并报上一级监察机关批准,可以在移送人民检察院时提出从宽处罚的建议:

(一)自动投案,真诚悔罪悔过的;

(二)积极配合调查工作,如实供述监察机关还未掌握的违法犯罪行为的;

(三)积极退赃,减少损失的;

(四)具有重大立功表现或者案件涉及国家重大利益等情形的。

第三十五条 职务违法犯罪的涉案人员揭发有关被调查人职务违法犯罪行为,查证属实的,或者提供重要线索,有助于调查其他案件的,监察机关经领导人员集体研究,并报上一级监察机关批准,可以在移送人民检察院时提出从宽处罚的建议。

第三十六条 监察机关依照本法规定收集的物证、书证、证人证言、被调查人供述和辩解、视听资料、电子数据等证据材料,在刑事诉讼中可以作为证据使用。

监察机关在收集、固定、审查、运用证据时,应当与刑事审判关于证据的要求和标准相一致。

以非法方法收集的证据应当依法予以排除,不得作为案件处置的依据。

第三十七条 人民法院、人民检察院、公安机关、审计机关等国家机关在工作中发现公职人员涉嫌贪污贿赂、失职渎职等职务违法或者职务犯罪的问题线索,应当移送监察机关,由监察机关依法调查处置。

被调查人既涉嫌严重职务违法或者职务犯罪,又涉嫌其他违法犯罪的,一般应当由监察机关为主调查,其他机关予以协助。

第五章 监察程序

第三十八条 监察机关对于报案或者举报,应当接受并按照有关规定处理。对于不属于本机关管辖的,应当移送主管机关处理。

第三十九条 监察机关应当严格按照程序开展工作,建立问题线索处置、调查、审理各部门相互协调、相互制约的工作机制。

监察机关应当加强对调查、处置工作全过程的监督管理,设立相应的工作部门履行线索管理、监督检查、督促办理、统计分析等管理协调职能。

第四十条 监察机关对监察对象的问题线索,应当按照有关规定提出处置意见,履行审批手续,进行分类办理。线索处置情况应当定期汇总、通报,定期检查、抽查。

第四十一条 需要采取初步核实方式处置问题线索的,监察机关应当依法履行审批程序,成立核查组。初步核实工作结束后,核查组应当撰写初步核实情况报告,提出处理建议。承办部门应当提出分类处理意见。初步核实情况报告和分类处理意见报监察机关主要负责人审批。

第四十二条 经过初步核实,对监察对象涉嫌职务违法犯罪,需要追究法律责任的,监察机关应当按照规定的权限和程序办理立案手续。

监察机关主要负责人依法批准立案后,应当主持召开专题会议,研究确定调查方案,决定需要采取的调查措施。

立案调查决定应当向被调查人宣布,并通报相关组织。涉嫌严重职务违法或者职务犯罪的,应当通知被调查人家属,并向社会公开发布。

第四十三条 监察机关对职务违法和职务犯罪案件,应当进行调查,收集被调查人有无违法犯罪以及情节轻重的证据,查明违法犯罪事实,形成相互印证、完整稳定的证据链。

调查人员应当依法文明规范开展调查工作。严禁以暴力、威胁、引诱、欺骗及其他非法方式收集证据,严禁侮辱、打骂、虐待、体罚或者变相体罚被调查人和涉案人员。

监察机关及其工作人员在履行职责过程中应当依法保护企业产权和自主经营权,严禁利用职权非法干扰企业生产经营。需要企业经营者协助调查的,应当保障其人身权利、财产权利和其他合法权益,避免或者尽量减少对企业正常生产经营活动的影响。

第四十四条 调查人员采取讯问、询问、强制到案、责令候查、管护、留置、搜查、调取、查封、扣押、勘验检查等调查措施,均应当依照规定出示证件,出具书面通知,由二人以上进行,形成笔录、报告等书面材料,并由相关人员签名、盖章。

调查人员进行讯问以及搜查、查封、扣押等重要取证工作,应当对全过程进行录音录像,留存备查。

第四十五条 调查人员应当严格执行调查方案,不得随意扩大调查范围、变更调查对象和事项。

对调查过程中的重要事项,应当集体研究后按程序请示报告。

第四十六条 采取强制到案、责令候查或者管护措施,应当按照规定的权限和程序,经监察机关主要负责人批准。

强制到案持续的时间不得超过十二小时;需要采取管护或者留置措施的,强制到案持续的时间不得超过二十四小时。不得以连续强制到案的方式变相拘禁被调查人。

责令候查最长不得超过十二个月。

监察机关采取管护措施的,应当在七日以内依法作出留置或者解除管护的决定,特殊情况下可以延长一日至三日。

第四十七条 监察机关采取留置措施,应当由监察机关领导人员集体研究决定。设区的市级以下监察机关采取留置措施,应当报上一级监察机关批准。省级监察机关采取留置措施,应当报国家监察委员会备案。

第四十八条 留置时间不得超过三个月。在特殊情况下,可以延长一次,延长时间不得超过三个月。省级以下监察机关采取留置措施的,延长留置时间应当报上一级监察机关批准。监察机关发现采取留置措施不当或者不需要继续采取留置措施的,应当及时解除或者变更为责令候查措施。

对涉嫌职务犯罪的被调查人可能判处十年有期徒刑以上刑罚,监察机关依照前款规定延长期限届满,仍不能调查终结的,经国家监察委员会批准或者决定,可以再延长二个月。

省级以上监察机关在调查期间,发现涉嫌职务犯罪的被调查人另有与留置时的罪行不同种的重大职务犯罪或者同种的影响罪名认定、量刑档次的重大职务犯罪,经国家监察委员会批准或者决定,自发现之日起依照本条第一款的规定重新计算留置时间。留置时间重新计算以一次为限。

第四十九条　监察机关采取强制到案、责令候查、管护、留置措施,可以根据工作需要提请公安机关配合。公安机关应当依法予以协助。

省级以下监察机关留置场所的看护勤务由公安机关负责,国家监察委员会留置场所的看护勤务由国家另行规定。留置看护队伍的管理依照国家有关规定执行。

第五十条　采取管护或者留置措施后,应当在二十四小时以内,通知被管护人员、被留置人员所在单位和家属,但有可能伪造、隐匿、毁灭证据,干扰证人作证或者串供等有碍调查情形的除外。有碍调查的情形消失后,应当立即通知被管护人员、被留置人员所在单位和家属。解除管护或者留置的,应当及时通知被管护人员、被留置人员所在单位和家属。

被管护人员、被留置人员及其近亲属有权申请变更管护、留置措施。监察机关收到申请后,应当在三日以内作出决定;不同意变更措施的,应当告知申请人,并说明不同意的理由。

监察机关应当保障被强制到案人员、被管护人员以及被留置人员的饮食、休息和安全,提供医疗服务。对其谈话、讯问的,应当合理安排时间和时长,谈话笔录、讯问笔录由被谈话人、被讯问人阅看后签名。

被管护人员、被留置人员涉嫌犯罪移送司法机关后,被依法判处管制、拘役或者有期徒刑的,管护、留置一日折抵管制二日,折抵拘役、有期徒刑一日。

第五十一条　监察机关在调查工作结束后,应当依法对案件事实和证据、性质认定、程序手续、涉案财物等进行全面审理,形成审理报告,提请集体审议。

第五十二条　监察机关根据监督、调查结果,依法作出如下处置:

(一)对有职务违法行为但情节较轻的公职人员,按照管理权限,直接或者委托有关机关、人员,进行谈话提醒、批评教育、责令检查,或者予以诫勉;

(二)对违法的公职人员依照法定程序作出警告、记过、记大过、降级、撤职、开除等政务处分决定;

(三)对不履行或者不正确履行职责负有责任的领导人员,按照管理权限对其直接作出问责决定,或者向有权作出问责决定的机关提出问责建议;

（四）对涉嫌职务犯罪的，监察机关经调查认为犯罪事实清楚，证据确实、充分的，制作起诉意见书，连同案卷材料、证据一并移送人民检察院依法审查、提起公诉；

（五）对监察对象所在单位廉政建设和履行职责存在的问题等提出监察建议。

监察机关经调查，对没有证据证明被调查人存在违法犯罪行为的，应当撤销案件，并通知被调查人所在单位。

第五十三条　监察机关经调查，对违法取得的财物，依法予以没收、追缴或者责令退赔；对涉嫌犯罪取得的财物，应当随案移送人民检察院。

第五十四条　对监察机关移送的案件，人民检察院依照《中华人民共和国刑事诉讼法》对被调查人采取强制措施。

人民检察院经审查，认为犯罪事实已经查清，证据确实、充分，依法应当追究刑事责任的，应当作出起诉决定。

人民检察院经审查，认为需要补充核实的，应当退回监察机关补充调查，必要时可以自行补充侦查。对于补充调查的案件，应当在一个月内补充调查完毕。补充调查以二次为限。

人民检察院对于有《中华人民共和国刑事诉讼法》规定的不起诉的情形的，经上一级人民检察院批准，依法作出不起诉的决定。监察机关认为不起诉的决定有错误的，可以向上一级人民检察院提请复议。

第五十五条　监察机关在调查贪污贿赂、失职渎职等职务犯罪案件过程中，被调查人逃匿或者死亡，有必要继续调查的，应当继续调查并作出结论。被调查人逃匿，在通缉一年后不能到案，或者死亡的，由监察机关提请人民检察院依照法定程序，向人民法院提出没收违法所得的申请。

第五十六条　监察对象对监察机关作出的涉及本人的处理决定不服的，可以在收到处理决定之日起一个月内，向作出决定的监察机关申请复审，复审机关应当在一个月内作出复审决定；监察对象对复审决定仍不服的，可以在收到复审决定之日起一个月内，向上一级监察机关申请复核，复核机关应当在二个月内作出复核决定。复审、复核期间，不停止原处理决定的执行。复核机关经审查，认定处理决定有错误的，原处理机关应当及时予以纠正。

第六章　反腐败国际合作

第五十七条　国家监察委员会统筹协调与其他国家、地区、国际组织开展的反腐败国际交流、合作,组织反腐败国际条约实施工作。

第五十八条　国家监察委员会会同有关单位加强与有关国家、地区、国际组织在反腐败方面开展引渡、移管被判刑人、遣返、联合调查、调查取证、资产追缴和信息交流等执法司法合作和司法协助。

第五十九条　国家监察委员会加强对反腐败国际追逃追赃和防逃工作的组织协调,督促有关单位做好相关工作:

(一)对于重大贪污贿赂、失职渎职等职务犯罪案件,被调查人逃匿到国(境)外,掌握证据比较确凿的,通过开展境外追逃合作,追捕归案;

(二)向赃款赃物所在国请求查询、冻结、扣押、没收、追缴、返还涉案资产;

(三)查询、监控涉嫌职务犯罪的公职人员及其相关人员进出国(境)和跨境资金流动情况,在调查案件过程中设置防逃程序。

第七章　对监察机关和监察人员的监督

第六十条　各级监察委员会应当接受本级人民代表大会及其常务委员会的监督。

各级人民代表大会常务委员会听取和审议本级监察委员会的专项工作报告,组织执法检查。

县级以上各级人民代表大会及其常务委员会举行会议时,人民代表大会代表或者常务委员会组成人员可以依照法律规定的程序,就监察工作中的有关问题提出询问或者质询。

第六十一条　监察机关应当依法公开监察工作信息,接受民主监督、社会监督、舆论监督。

第六十二条　监察机关根据工作需要,可以从各方面代表中聘请特约监察员。特约监察员按照规定对监察机关及其工作人员履行职责情况实行监督。

第六十三条　监察机关通过设立内部专门的监督机构等方式，加强对监察人员执行职务和遵守法律情况的监督，建设忠诚、干净、担当的监察队伍。

第六十四条　监察人员涉嫌严重职务违法或者职务犯罪，为防止造成更为严重的后果或者恶劣影响，监察机关经依法审批，可以对其采取禁闭措施。禁闭的期限不得超过七日。

被禁闭人员应当配合监察机关调查。监察机关经调查发现被禁闭人员符合管护或者留置条件的，可以对其采取管护或者留置措施。

本法第五十条的规定，适用于禁闭措施。

第六十五条　监察人员必须模范遵守宪法和法律，忠于职守、秉公执法，清正廉洁、保守秘密；必须具有良好的政治素质，熟悉监察业务，具备运用法律、法规、政策和调查取证等能力，自觉接受监督。

第六十六条　对于监察人员打听案情、过问案件、说情干预的，办理监察事项的监察人员应当及时报告。有关情况应当登记备案。

发现办理监察事项的监察人员未经批准接触被调查人、涉案人员及其特定关系人，或者存在交往情形的，知情人应当及时报告。有关情况应当登记备案。

第六十七条　办理监察事项的监察人员有下列情形之一的，应当自行回避，监察对象、检举人及其他有关人员也有权要求其回避：

（一）是监察对象或者检举人的近亲属的；

（二）担任过本案的证人的；

（三）本人或者其近亲属与办理的监察事项有利害关系的；

（四）有可能影响监察事项公正处理的其他情形的。

第六十八条　监察机关涉密人员离岗离职后，应当遵守脱密期管理规定，严格履行保密义务，不得泄露相关秘密。

监察人员辞职、退休三年内，不得从事与监察和司法工作相关联且可能发生利益冲突的职业。

第六十九条　监察机关及其工作人员有下列行为之一的，被调查人及其近亲属、利害关系人有权向该机关申诉：

（一）采取强制到案、责令候查、管护、留置或者禁闭措施法定期限届满，不予以解除或者变更的；

（二）查封、扣押、冻结与案件无关或者明显超出涉案范围的财物的；

(三)应当解除查封、扣押、冻结措施而不解除的;

(四)贪污、挪用、私分、调换或者违反规定使用查封、扣押、冻结的财物的;

(五)利用职权非法干扰企业生产经营或者侵害企业经营者人身权利、财产权利和其他合法权益的;

(六)其他违反法律法规、侵害被调查人合法权益的行为。

受理申诉的监察机关应当在受理申诉之日起一个月内作出处理决定。申诉人对处理决定不服的,可以在收到处理决定之日起一个月内向上一级监察机关申请复查,上一级监察机关应当在收到复查申请之日起二个月内作出处理决定,情况属实的,及时予以纠正。

第七十条 对调查工作结束后发现立案依据不充分或者失实,案件处置出现重大失误,监察人员严重违法的,应当追究负有责任的领导人员和直接责任人员的责任。

第八章 法律责任

第七十一条 有关单位拒不执行监察机关作出的处理决定,或者无正当理由拒不采纳监察建议的,由其主管部门、上级机关责令改正,对单位给予通报批评;对负有责任的领导人员和直接责任人员依法给予处理。

第七十二条 有关人员违反本法规定,有下列行为之一的,由其所在单位、主管部门、上级机关或者监察机关责令改正,依法给予处理:

(一)不按要求提供有关材料,拒绝、阻碍调查措施实施等拒不配合监察机关调查的;

(二)提供虚假情况,掩盖事实真相的;

(三)串供或者伪造、隐匿、毁灭证据的;

(四)阻止他人揭发检举、提供证据的;

(五)其他违反本法规定的行为,情节严重的。

第七十三条 监察对象对控告人、检举人、证人或者监察人员进行报复陷害的;控告人、检举人、证人捏造事实诬告陷害监察对象的,依法给予处理。

第七十四条 监察机关及其工作人员有下列行为之一的,对负有责任的领导人员和直接责任人员依法给予处理:

（一）未经批准、授权处置问题线索，发现重大案情隐瞒不报，或者私自留存、处理涉案材料的；

（二）利用职权或者职务上的影响干预调查工作、以案谋私的；

（三）违法窃取、泄露调查工作信息，或者泄露举报事项、举报受理情况以及举报人信息的；

（四）对被调查人或者涉案人员逼供、诱供，或者侮辱、打骂、虐待、体罚或者变相体罚的；

（五）违反规定处置查封、扣押、冻结的财物的；

（六）违反规定发生办案安全事故，或者发生安全事故后隐瞒不报、报告失实、处置不当的；

（七）违反规定采取强制到案、责令候查、管护、留置或者禁闭措施，或者法定期限届满，不予以解除或者变更的；

（八）违反规定采取技术调查、限制出境措施，或者不按规定解除技术调查、限制出境措施的；

（九）利用职权非法干扰企业生产经营或者侵害企业经营者人身权利、财产权利和其他合法权益的；

（十）其他滥用职权、玩忽职守、徇私舞弊的行为。

第七十五条 违反本法规定，构成犯罪的，依法追究刑事责任。

第七十六条 监察机关及其工作人员行使职权，侵犯公民、法人和其他组织的合法权益造成损害的，依法给予国家赔偿。

第九章 附 则

第七十七条 中国人民解放军和中国人民武装警察部队开展监察工作，由中央军事委员会根据本法制定具体规定。

第七十八条 本法自公布之日起施行。《中华人民共和国行政监察法》同时废止。

中华人民共和国国务院组织法

（1982年12月10日第五届全国人民代表大会第五次会议通过并于同日公布施行　2024年3月11日第十四届全国人民代表大会第二次会议修订）

第一条　为了健全国务院的组织和工作制度,保障和规范国务院行使职权,根据宪法,制定本法。

第二条　中华人民共和国国务院,即中央人民政府,是最高国家权力机关的执行机关,是最高国家行政机关。

第三条　国务院坚持中国共产党的领导,坚持以马克思列宁主义、毛泽东思想、邓小平理论、“三个代表”重要思想、科学发展观、习近平新时代中国特色社会主义思想为指导,坚决维护党中央权威和集中统一领导,坚决贯彻落实党中央决策部署,贯彻新发展理念,坚持依法行政,依照宪法和法律规定,全面正确履行政府职能。

国务院坚持以人民为中心、全心全意为人民服务,坚持和发展全过程人民民主,始终同人民保持密切联系,倾听人民的意见和建议,建设人民满意的法治政府、创新政府、廉洁政府和服务型政府。

第四条　国务院对全国人民代表大会负责并报告工作;在全国人民代表大会闭会期间,对全国人民代表大会常务委员会负责并报告工作。

国务院应当自觉接受全国人民代表大会及其常务委员会的监督。

第五条　国务院由总理、副总理、国务委员、各部部长、各委员会主任、中国人民银行行长、审计长、秘书长组成。

国务院实行总理负责制。总理领导国务院的工作。

副总理、国务委员协助总理工作,按照分工负责分管领域工作;受总理委托，负责其他方面的工作或者专项任务；根据统一安排，代表国务院进行外事活动。

第六条　国务院行使宪法和有关法律规定的职权。

第七条　国务院实行国务院全体会议和国务院常务会议制度。国务院全体会议由国务院全体成员组成。国务院常务会议由总理、副总理、国务委员、秘书长组成。总理召集和主持国务院全体会议和国务院常务会议。国务院工作中的重大问题，必须经国务院常务会议或者国务院全体会议讨论决定。

第八条　国务院全体会议的主要任务是讨论决定政府工作报告、国民经济和社会发展规划等国务院工作中的重大事项，部署国务院的重要工作。

国务院常务会议的主要任务是讨论法律草案、审议行政法规草案，讨论、决定、通报国务院工作中的重要事项。

国务院全体会议和国务院常务会议讨论决定的事项，除依法需要保密的外，应当及时公布。

国务院根据需要召开总理办公会议和国务院专题会议。

第九条　国务院发布的行政法规、决定、命令，向全国人民代表大会或者全国人民代表大会常务委员会提出的议案，任免人员，由总理签署。

第十条　国务院秘书长在总理领导下，负责处理国务院的日常工作。

国务院设副秘书长若干人，协助秘书长工作。

国务院设立办公厅，由秘书长领导。

第十一条　国务院组成部门的设立、撤销或者合并，经总理提出，由全国人民代表大会决定；在全国人民代表大会闭会期间，由全国人民代表大会常务委员会决定。国务院组成部门确定或者调整后，由全国人民代表大会或者全国人民代表大会常务委员会公布。

第十二条　国务院组成部门设部长（主任、行长、审计长）一人，副部长（副主任、副行长、副审计长）二至四人；委员会可以设委员五至十人。

国务院组成部门实行部长（主任、行长、审计长）负责制。部长（主任、行长、审计长）领导本部门的工作，召集和主持部务（委务、行务、署务）会议，讨论决定本部门工作的重大问题；签署上报国务院的重要请示、报告和发布的命令、指示。副部长（副主任、副行长、副审计长）协助部长（主任、行长、审计长）工作。

国务院副秘书长、各部副部长、各委员会副主任、中国人民银行副行长、副审计长由国务院任免。

第十三条　国务院可以根据工作需要和优化协同高效精简的原则,按照规定程序设立若干直属机构主管各项专门业务,设立若干办事机构协助总理办理专门事项。每个机构设负责人二至五人,由国务院任免。

第十四条　国务院组成部门工作中的方针、政策、计划和重大行政措施,应当向国务院请示报告,由国务院决定。根据法律和国务院的行政法规、决定、命令,主管部门可以在本部门的权限范围内发布命令、指示。

国务院组成部门和具有行政管理职能的直属机构以及法律规定的机构,可以根据法律和国务院的行政法规、决定、命令,在本部门的权限范围内,制定规章。

第十五条　国务院统一领导全国地方各级国家行政机关的工作。

第十六条　国务院坚持科学决策、民主决策、依法决策,健全行政决策制度体系,规范重大行政决策程序,加强行政决策执行和评估,提高决策质量和效率。

第十七条　国务院健全行政监督制度,加强行政复议、备案审查、行政执法监督、政府督查等工作,坚持政务公开,自觉接受各方面监督,强化对行政权力运行的制约和监督。

第十八条　国务院组成人员应当坚决维护党中央权威和集中统一领导,模范遵守宪法和法律,认真履行职责,带头反对形式主义、官僚主义,为民务实,严守纪律,勤勉廉洁。

第十九条　国务院组成部门、直属机构、办事机构应当各司其职、各负其责、加强协调、密切配合,确保党中央、国务院各项工作部署贯彻落实。

第二十条　本法自公布之日起施行。

中华人民共和国人民法院组织法

（1979年7月1日第五届全国人民代表大会第二次会议通过 根据1983年9月2日第六届全国人民代表大会常务委员会第二次会议《关于修改〈中华人民共和国人民法院组织法〉的决定》第一次修正 根据1986年12月2日第六届全国人民代表大会常务委员会第十八次会议《关于修改〈中华人民共和国地方各级人民代表大会和地方各级人民政府组织法〉的决定》第二次修正 根据2006年10月31日第十届全国人民代表大会常务委员会第二十四次会议《关于修改〈中华人民共和国人民法院组织法〉的决定》第三次修正 2018年10月26日第十三届全国人民代表大会常务委员会第六次会议修订）

目　　录

第一章　总　　则

第一条　为了规范人民法院的设置、组织和职权，保障人民法院依法履行职责,根据宪法,制定本法。

第二条　人民法院是国家的审判机关。

人民法院通过审判刑事案件、民事案件、行政案件以及法律规定的其他案件,惩罚犯罪,保障无罪的人不受刑事追究,解决民事、行政纠纷,保护个人和组织的合法权益,监督行政机关依法行使职权,维护国家安全和社会秩序,维护社会公平正义,维护国家法制统一、尊严和权威,保障中国特色社会主义建设的顺利进行。

第三条　人民法院依照宪法、法律和全国人民代表大会常务委员会的决定设置。

第四条　人民法院依照法律规定独立行使审判权,不受行政机关、社会团体和个人的干涉。

第五条　人民法院审判案件在适用法律上一律平等,不允许任何组织和个人有超越法律的特权,禁止任何形式的歧视。

第六条　人民法院坚持司法公正,以事实为根据,以法律为准绳,遵守法定程序,依法保护个人和组织的诉讼权利和其他合法权益,尊重和保障人权。

第七条　人民法院实行司法公开,法律另有规定的除外。

第八条　人民法院实行司法责任制,建立健全权责统一的司法权力运行机制。

第九条　最高人民法院对全国人民代表大会及其常务委员会负责并报告工作。地方各级人民法院对本级人民代表大会及其常务委员会负责并报告工作。

各级人民代表大会及其常务委员会对本级人民法院的工作实施监督。

第十条　最高人民法院是最高审判机关。

最高人民法院监督地方各级人民法院和专门人民法院的审判工作,上级人民法院监督下级人民法院的审判工作。

第十一条　人民法院应当接受人民群众监督,保障人民群众对人民法院工作依法享有知情权、参与权和监督权。

第二章　人民法院的设置和职权

第十二条　人民法院分为:

(一)最高人民法院;

（二）地方各级人民法院；

（三）专门人民法院。

第十三条　地方各级人民法院分为高级人民法院、中级人民法院和基层人民法院。

第十四条　在新疆生产建设兵团设立的人民法院的组织、案件管辖范围和法官任免，依照全国人民代表大会常务委员会的有关规定。

第十五条　专门人民法院包括军事法院和海事法院、知识产权法院、金融法院等。

专门人民法院的设置、组织、职权和法官任免，由全国人民代表大会常务委员会规定。

第十六条　最高人民法院审理下列案件：

（一）法律规定由其管辖的和其认为应当由自己管辖的第一审案件；

（二）对高级人民法院判决和裁定的上诉、抗诉案件；

（三）按照全国人民代表大会常务委员会的规定提起的上诉、抗诉案件；

（四）按照审判监督程序提起的再审案件；

（五）高级人民法院报请核准的死刑案件。

第十七条　死刑除依法由最高人民法院判决的以外，应当报请最高人民法院核准。

第十八条　最高人民法院可以对属于审判工作中具体应用法律的问题进行解释。

最高人民法院可以发布指导性案例。

第十九条　最高人民法院可以设巡回法庭，审理最高人民法院依法确定的案件。

巡回法庭是最高人民法院的组成部分。巡回法庭的判决和裁定即最高人民法院的判决和裁定。

第二十条　高级人民法院包括：

（一）省高级人民法院；

（二）自治区高级人民法院；

（三）直辖市高级人民法院。

第二十一条　高级人民法院审理下列案件：

（一）法律规定由其管辖的第一审案件；

(二)下级人民法院报请审理的第一审案件;
(三)最高人民法院指定管辖的第一审案件;
(四)对中级人民法院判决和裁定的上诉、抗诉案件;
(五)按照审判监督程序提起的再审案件;
(六)中级人民法院报请复核的死刑案件。

第二十二条　中级人民法院包括:
(一)省、自治区辖市的中级人民法院;
(二)在直辖市内设立的中级人民法院;
(三)自治州中级人民法院;
(四)在省、自治区内按地区设立的中级人民法院。

第二十三条　中级人民法院审理下列案件:
(一)法律规定由其管辖的第一审案件;
(二)基层人民法院报请审理的第一审案件;
(三)上级人民法院指定管辖的第一审案件;
(四)对基层人民法院判决和裁定的上诉、抗诉案件;
(五)按照审判监督程序提起的再审案件。

第二十四条　基层人民法院包括:
(一)县、自治县人民法院;
(二)不设区的市人民法院;
(三)市辖区人民法院。

第二十五条　基层人民法院审理第一审案件,法律另有规定的除外。
基层人民法院对人民调解委员会的调解工作进行业务指导。

第二十六条　基层人民法院根据地区、人口和案件情况,可以设立若干人民法庭。

人民法庭是基层人民法院的组成部分。人民法庭的判决和裁定即基层人民法院的判决和裁定。

第二十七条　人民法院根据审判工作需要,可以设必要的专业审判庭。法官员额较少的中级人民法院和基层人民法院,可以设综合审判庭或者不设审判庭。

人民法院根据审判工作需要,可以设综合业务机构。法官员额较少的中级人民法院和基层人民法院,可以不设综合业务机构。

第二十八条 人民法院根据工作需要,可以设必要的审判辅助机构和行政管理机构。

第三章 人民法院的审判组织

第二十九条 人民法院审理案件,由合议庭或者法官一人独任审理。

合议庭和法官独任审理的案件范围由法律规定。

第三十条 合议庭由法官组成,或者由法官和人民陪审员组成,成员为三人以上单数。

合议庭由一名法官担任审判长。院长或者庭长参加审理案件时,由自己担任审判长。

审判长主持庭审、组织评议案件,评议案件时与合议庭其他成员权利平等。

第三十一条 合议庭评议案件应当按照多数人的意见作出决定,少数人的意见应当记入笔录。评议案件笔录由合议庭全体组成人员签名。

第三十二条 合议庭或者法官独任审理案件形成的裁判文书,经合议庭组成人员或者独任法官签署,由人民法院发布。

第三十三条 合议庭审理案件,法官对案件的事实认定和法律适用负责;法官独任审理案件,独任法官对案件的事实认定和法律适用负责。

人民法院应当加强内部监督,审判活动有违法情形的,应当及时调查核实,并根据违法情形依法处理。

第三十四条 人民陪审员依照法律规定参加合议庭审理案件。

第三十五条 中级以上人民法院设赔偿委员会,依法审理国家赔偿案件。

赔偿委员会由三名以上法官组成,成员应当为单数,按照多数人的意见作出决定。

第三十六条 各级人民法院设审判委员会。审判委员会由院长、副院长和若干资深法官组成,成员应当为单数。

审判委员会会议分为全体会议和专业委员会会议。

中级以上人民法院根据审判工作需要,可以按照审判委员会委员专业和工作分工,召开刑事审判、民事行政审判等专业委员会会议。

第三十七条 审判委员会履行下列职能:

(一)总结审判工作经验;

(二)讨论决定重大、疑难、复杂案件的法律适用;

(三)讨论决定本院已经发生法律效力的判决、裁定、调解书是否应当再审;

(四)讨论决定其他有关审判工作的重大问题。

最高人民法院对属于审判工作中具体应用法律的问题进行解释,应当由审判委员会全体会议讨论通过;发布指导性案例,可以由审判委员会专业委员会会议讨论通过。

第三十八条 审判委员会召开全体会议和专业委员会会议,应当有其组成人员的过半数出席。

审判委员会会议由院长或者院长委托的副院长主持。审判委员会实行民主集中制。

审判委员会举行会议时,同级人民检察院检察长或者检察长委托的副检察长可以列席。

第三十九条 合议庭认为案件需要提交审判委员会讨论决定的,由审判长提出申请,院长批准。

审判委员会讨论案件,合议庭对其汇报的事实负责,审判委员会委员对本人发表的意见和表决负责。审判委员会的决定,合议庭应当执行。

审判委员会讨论案件的决定及其理由应当在裁判文书中公开,法律规定不公开的除外。

第四章 人民法院的人员组成

第四十条 人民法院的审判人员由院长、副院长、审判委员会委员和审判员等人员组成。

第四十一条 人民法院院长负责本院全面工作,监督本院审判工作,管理本院行政事务。人民法院副院长协助院长工作。

第四十二条 最高人民法院院长由全国人民代表大会选举,副院长、审判委员会委员、庭长、副庭长和审判员由院长提请全国人民代表大会常务委员会任免。

最高人民法院巡回法庭庭长、副庭长，由最高人民法院院长提请全国人民代表大会常务委员会任免。

第四十三条　地方各级人民法院院长由本级人民代表大会选举，副院长、审判委员会委员、庭长、副庭长和审判员由院长提请本级人民代表大会常务委员会任免。

在省、自治区内按地区设立的和在直辖市内设立的中级人民法院院长，由省、自治区、直辖市人民代表大会常务委员会根据主任会议的提名决定任免，副院长、审判委员会委员、庭长、副庭长和审判员由高级人民法院院长提请省、自治区、直辖市人民代表大会常务委员会任免。

第四十四条　人民法院院长任期与产生它的人民代表大会每届任期相同。

各级人民代表大会有权罢免由其选出的人民法院院长。在地方人民代表大会闭会期间，本级人民代表大会常务委员会认为人民法院院长需要撤换的，应当报请上级人民代表大会常务委员会批准。

第四十五条　人民法院的法官、审判辅助人员和司法行政人员实行分类管理。

第四十六条　法官实行员额制。法官员额根据案件数量、经济社会发展情况、人口数量和人民法院审级等因素确定。

最高人民法院法官员额由最高人民法院商有关部门确定。地方各级人民法院法官员额，在省、自治区、直辖市内实行总量控制、动态管理。

第四十七条　法官从取得法律职业资格并且具备法律规定的其他条件的人员中选任。初任法官应当由法官遴选委员会进行专业能力审核。上级人民法院的法官一般从下级人民法院的法官中择优遴选。

院长应当具有法学专业知识和法律职业经历。副院长、审判委员会委员应当从法官、检察官或者其他具备法官、检察官条件的人员中产生。

法官的职责、管理和保障，依照《中华人民共和国法官法》的规定。

第四十八条　人民法院的法官助理在法官指导下负责审查案件材料、草拟法律文书等审判辅助事务。

符合法官任职条件的法官助理，经遴选后可以按照法官任免程序任命为法官。

第四十九条　人民法院的书记员负责法庭审理记录等审判辅助事务。

第五十条　人民法院的司法警察负责法庭警戒、人员押解和看管等警务事项。

司法警察依照《中华人民共和国人民警察法》管理。

第五十一条　人民法院根据审判工作需要,可以设司法技术人员,负责与审判工作有关的事项。

第五章　人民法院行使职权的保障

第五十二条　任何单位或者个人不得要求法官从事超出法定职责范围的事务。

对于领导干部等干预司法活动、插手具体案件处理,或者人民法院内部人员过问案件情况的,办案人员应当全面如实记录并报告;有违法违纪情形的,由有关机关根据情节轻重追究行为人的责任。

第五十三条　人民法院作出的判决、裁定等生效法律文书,义务人应当依法履行;拒不履行的,依法追究法律责任。

第五十四条　人民法院采取必要措施,维护法庭秩序和审判权威。对妨碍人民法院依法行使职权的违法犯罪行为,依法追究法律责任。

第五十五条　人民法院实行培训制度,法官、审判辅助人员和司法行政人员应当接受理论和业务培训。

第五十六条　人民法院人员编制实行专项管理。

第五十七条　人民法院的经费按照事权划分的原则列入财政预算,保障审判工作需要。

第五十八条　人民法院应当加强信息化建设,运用现代信息技术,促进司法公开,提高工作效率。

第六章　附　　则

第五十九条　本法自 2019 年 1 月 1 日起施行。

中华人民共和国人民检察院组织法

（1979 年 7 月 1 日第五届全国人民代表大会第二次会议通过　根据 1983 年 9 月 2 日第六届全国人民代表大会常务委员会第二次会议《关于修改〈中华人民共和国人民检察院组织法〉的决定》第一次修正　根据 1986 年 12 月 2 日第六届全国人民代表大会常务委员会第十八次会议《关于修改〈中华人民共和国地方各级人民代表大会和地方各级人民政府组织法〉的决定》第二次修正　2018 年 10 月 26 日第十三届全国人民代表大会常务委员会第六次会议修订）

目　　录

第一章　总　　则

第一条　为了规范人民检察院的设置、组织和职权，保障人民检察院依法履行职责，根据宪法，制定本法。

第二条　人民检察院是国家的法律监督机关。

人民检察院通过行使检察权，追诉犯罪，维护国家安全和社会秩序，维护个人和组织的合法权益,维护国家利益和社会公共利益,保障法律正确实施,维护社会公平正义,维护国家法制统一、尊严和权威,保障中国特色社会主义建设的顺利进行。

第三条 人民检察院依照宪法、法律和全国人民代表大会常务委员会的决定设置。

第四条 人民检察院依照法律规定独立行使检察权,不受行政机关、社会团体和个人的干涉。

第五条 人民检察院行使检察权在适用法律上一律平等,不允许任何组织和个人有超越法律的特权,禁止任何形式的歧视。

第六条 人民检察院坚持司法公正,以事实为根据,以法律为准绳,遵守法定程序,尊重和保障人权。

第七条 人民检察院实行司法公开,法律另有规定的除外。

第八条 人民检察院实行司法责任制,建立健全权责统一的司法权力运行机制。

第九条 最高人民检察院对全国人民代表大会及其常务委员会负责并报告工作。地方各级人民检察院对本级人民代表大会及其常务委员会负责并报告工作。

各级人民代表大会及其常务委员会对本级人民检察院的工作实施监督。

第十条 最高人民检察院是最高检察机关。

最高人民检察院领导地方各级人民检察院和专门人民检察院的工作,上级人民检察院领导下级人民检察院的工作。

第十一条 人民检察院应当接受人民群众监督,保障人民群众对人民检察院工作依法享有知情权、参与权和监督权。

第二章 人民检察院的设置和职权

第十二条 人民检察院分为:

(一)最高人民检察院;

(二)地方各级人民检察院;

(三)军事检察院等专门人民检察院。

第十三条 地方各级人民检察院分为:

（一）省级人民检察院，包括省、自治区、直辖市人民检察院；

（二）设区的市级人民检察院，包括省、自治区辖市人民检察院，自治州人民检察院，省、自治区、直辖市人民检察院分院；

（三）基层人民检察院，包括县、自治县、不设区的市、市辖区人民检察院。

第十四条　在新疆生产建设兵团设立的人民检察院的组织、案件管辖范围和检察官任免，依照全国人民代表大会常务委员会的有关规定。

第十五条　专门人民检察院的设置、组织、职权和检察官任免，由全国人民代表大会常务委员会规定。

第十六条　省级人民检察院和设区的市级人民检察院根据检察工作需要，经最高人民检察院和省级有关部门同意，并提请本级人民代表大会常务委员会批准，可以在辖区内特定区域设立人民检察院，作为派出机构。

第十七条　人民检察院根据检察工作需要，可以在监狱、看守所等场所设立检察室，行使派出它的人民检察院的部分职权，也可以对上述场所进行巡回检察。

省级人民检察院设立检察室，应当经最高人民检察院和省级有关部门同意。设区的市级人民检察院、基层人民检察院设立检察室，应当经省级人民检察院和省级有关部门同意。

第十八条　人民检察院根据检察工作需要，设必要的业务机构。检察官员额较少的设区的市级人民检察院和基层人民检察院，可以设综合业务机构。

第十九条　人民检察院根据工作需要，可以设必要的检察辅助机构和行政管理机构。

第二十条　人民检察院行使下列职权：

（一）依照法律规定对有关刑事案件行使侦查权；

（二）对刑事案件进行审查，批准或者决定是否逮捕犯罪嫌疑人；

（三）对刑事案件进行审查，决定是否提起公诉，对决定提起公诉的案件支持公诉；

（四）依照法律规定提起公益诉讼；

（五）对诉讼活动实行法律监督；

（六）对判决、裁定等生效法律文书的执行工作实行法律监督；

(七)对监狱、看守所的执法活动实行法律监督;

(八)法律规定的其他职权。

第二十一条　人民检察院行使本法第二十条规定的法律监督职权,可以进行调查核实,并依法提出抗诉、纠正意见、检察建议。有关单位应当予以配合,并及时将采纳纠正意见、检察建议的情况书面回复人民检察院。

抗诉、纠正意见、检察建议的适用范围及其程序,依照法律有关规定。

第二十二条　最高人民检察院对最高人民法院的死刑复核活动实行监督;对报请核准追诉的案件进行审查,决定是否追诉。

第二十三条　最高人民检察院可以对属于检察工作中具体应用法律的问题进行解释。

最高人民检察院可以发布指导性案例。

第二十四条　上级人民检察院对下级人民检察院行使下列职权:

(一)认为下级人民检察院的决定错误的,指令下级人民检察院纠正,或者依法撤销、变更;

(二)可以对下级人民检察院管辖的案件指定管辖;

(三)可以办理下级人民检察院管辖的案件;

(四)可以统一调用辖区的检察人员办理案件。

上级人民检察院的决定,应当以书面形式作出。

第二十五条　下级人民检察院应当执行上级人民检察院的决定;有不同意见的,可以在执行的同时向上级人民检察院报告。

第二十六条　人民检察院检察长或者检察长委托的副检察长,可以列席同级人民法院审判委员会会议。

第二十七条　人民监督员依照规定对人民检察院的办案活动实行监督。

第三章　人民检察院的办案组织

第二十八条　人民检察院办理案件,根据案件情况可以由一名检察官独任办理,也可以由两名以上检察官组成办案组办理。

由检察官办案组办理的,检察长应当指定一名检察官担任主办检察官,组织、指挥办案组办理案件。

第二十九条　检察官在检察长领导下开展工作,重大办案事项由检察长决定。检察长可以将部分职权委托检察官行使,可以授权检察官签发法律文书。

第三十条 各级人民检察院设检察委员会。检察委员会由检察长、副检察长和若干资深检察官组成,成员应当为单数。

第三十一条 检察委员会履行下列职能:

(一)总结检察工作经验;

(二)讨论决定重大、疑难、复杂案件;

(三)讨论决定其他有关检察工作的重大问题。

最高人民检察院对属于检察工作中具体应用法律的问题进行解释、发布指导性案例,应当由检察委员会讨论通过。

第三十二条 检察委员会召开会议,应当有其组成人员的过半数出席。

检察委员会会议由检察长或者检察长委托的副检察长主持。检察委员会实行民主集中制。

地方各级人民检察院的检察长不同意本院检察委员会多数人的意见,属于办理案件的,可以报请上一级人民检察院决定;属于重大事项的,可以报请上一级人民检察院或者本级人民代表大会常务委员会决定。

第三十三条 检察官可以就重大案件和其他重大问题,提请检察长决定。检察长可以根据案件情况,提交检察委员会讨论决定。

检察委员会讨论案件,检察官对其汇报的事实负责,检察委员会委员对本人发表的意见和表决负责。检察委员会的决定,检察官应当执行。

第三十四条 人民检察院实行检察官办案责任制。检察官对其职权范围内就案件作出的决定负责。检察长、检察委员会对案件作出决定的,承担相应责任。

第四章 人民检察院的人员组成

第三十五条 人民检察院的检察人员由检察长、副检察长、检察委员会委员和检察员等人员组成。

第三十六条 人民检察院检察长领导本院检察工作,管理本院行政事务。人民检察院副检察长协助检察长工作。

第三十七条 最高人民检察院检察长由全国人民代表大会选举和罢免,

副检察长、检察委员会委员和检察员由检察长提请全国人民代表大会常务委员会任免。

第三十八条　地方各级人民检察院检察长由本级人民代表大会选举和罢免,副检察长、检察委员会委员和检察员由检察长提请本级人民代表大会常务委员会任免。

地方各级人民检察院检察长的任免,须报上一级人民检察院检察长提请本级人民代表大会常务委员会批准。

省、自治区、直辖市人民检察院分院检察长、副检察长、检察委员会委员和检察员,由省、自治区、直辖市人民检察院检察长提请本级人民代表大会常务委员会任免。

第三十九条　人民检察院检察长任期与产生它的人民代表大会每届任期相同。

全国人民代表大会常务委员会和省、自治区、直辖市人民代表大会常务委员会根据本级人民检察院检察长的建议,可以撤换下级人民检察院检察长、副检察长和检察委员会委员。

第四十条　人民检察院的检察官、检察辅助人员和司法行政人员实行分类管理。

第四十一条　检察官实行员额制。检察官员额根据案件数量、经济社会发展情况、人口数量和人民检察院层级等因素确定。

最高人民检察院检察官员额由最高人民检察院商有关部门确定。地方各级人民检察院检察官员额,在省、自治区、直辖市内实行总量控制、动态管理。

第四十二条　检察官从取得法律职业资格并且具备法律规定的其他条件的人员中选任。初任检察官应当由检察官遴选委员会进行专业能力审核。上级人民检察院的检察官一般从下级人民检察院的检察官中择优遴选。

检察长应当具有法学专业知识和法律职业经历。副检察长、检察委员会委员应当从检察官、法官或者其他具备检察官、法官条件的人员中产生。

检察官的职责、管理和保障,依照《中华人民共和国检察官法》的规定。

第四十三条　人民检察院的检察官助理在检察官指导下负责审查案件材料、草拟法律文书等检察辅助事务。

符合检察官任职条件的检察官助理,经遴选后可以按照检察官任免程序任命为检察官。

第四十四条　人民检察院的书记员负责案件记录等检察辅助事务。

第四十五条　人民检察院的司法警察负责办案场所警戒、人员押解和看管等警务事项。

司法警察依照《中华人民共和国人民警察法》管理。

第四十六条　人民检察院根据检察工作需要,可以设检察技术人员,负责与检察工作有关的事项。

第五章　人民检察院行使职权的保障

第四十七条　任何单位或者个人不得要求检察官从事超出法定职责范围的事务。

对于领导干部等干预司法活动、插手具体案件处理,或者人民检察院内部人员过问案件情况的,办案人员应当全面如实记录并报告;有违法违纪情形的,由有关机关根据情节轻重追究行为人的责任。

第四十八条　人民检察院采取必要措施,维护办案安全。对妨碍人民检察院依法行使职权的违法犯罪行为,依法追究法律责任。

第四十九条　人民检察院实行培训制度,检察官、检察辅助人员和司法行政人员应当接受理论和业务培训。

第五十条　人民检察院人员编制实行专项管理。

第五十一条　人民检察院的经费按照事权划分的原则列入财政预算,保障检察工作需要。

第五十二条　人民检察院应当加强信息化建设,运用现代信息技术,促进司法公开,提高工作效率。

第六章　附　　则

第五十三条　本法自2019年1月1日起施行。

中华人民共和国立法法

（2000年3月15日第九届全国人民代表大会第三次会议通过　根据2015年3月15日第十二届全国人民代表大会第三次会议《关于修改〈中华人民共和国立法法〉的决定》第一次修正　根据2023年3月13日第十四届全国人民代表大会第一次会议《关于修改〈中华人民共和国立法法〉的决定》第二次修正）

目　　录

第一章　总　　则

第一条　为了规范立法活动，健全国家立法制度，提高立法质量，完善中国特色社会主义法律体系，发挥立法的引领和推动作用，保障和发展社会主义民主，全面推进依法治国，建设社会主义法治国家，根据宪法，制定本法。

第二条　法律、行政法规、地方性法规、自治条例和单行条例的制定、修改和废止，适用本法。

国务院部门规章和地方政府规章的制定、修改和废止，依照本法的有关规定执行。

第三条　立法应当坚持中国共产党的领导，坚持以马克思列宁主义、毛泽东思想、邓小平理论、“三个代表”重要思想、科学发展观、习近平新时代中国特色社会主义思想为指导，推进中国特色社会主义法治体系建设，保障在法治轨道上全面建设社会主义现代化国家。

第四条　立法应当坚持以经济建设为中心，坚持改革开放，贯彻新发展理念，保障以中国式现代化全面推进中华民族伟大复兴。

第五条　立法应当符合宪法的规定、原则和精神，依照法定的权限和程序，从国家整体利益出发，维护社会主义法制的统一、尊严、权威。

第六条　立法应当坚持和发展全过程人民民主，尊重和保障人权，保障和促进社会公平正义。

立法应当体现人民的意志，发扬社会主义民主，坚持立法公开，保障人民通过多种途径参与立法活动。

第七条　立法应当从实际出发，适应经济社会发展和全面深化改革的要求，科学合理地规定公民、法人和其他组织的权利与义务、国家机关的权力与责任。

法律规范应当明确、具体，具有针对性和可执行性。

第八条　立法应当倡导和弘扬社会主义核心价值观，坚持依法治国和以德治国相结合，铸牢中华民族共同体意识，推动社会主义精神文明建设。

第九条　立法应当适应改革需要，坚持在法治下推进改革和在改革中完善法治相统一，引导、推动、规范、保障相关改革，发挥法治在国家治理体系和治理能力现代化中的重要作用。

第二章　法　　律

第一节　立法权限

第十条　全国人民代表大会和全国人民代表大会常务委员会根据宪法规定行使国家立法权。

全国人民代表大会制定和修改刑事、民事、国家机构的和其他的基本法律。

全国人民代表大会常务委员会制定和修改除应当由全国人民代表大会制定的法律以外的其他法律;在全国人民代表大会闭会期间,对全国人民代表大会制定的法律进行部分补充和修改,但是不得同该法律的基本原则相抵触。

全国人民代表大会可以授权全国人民代表大会常务委员会制定相关法律。

第十一条　下列事项只能制定法律:

(一)国家主权的事项;

(二)各级人民代表大会、人民政府、监察委员会、人民法院和人民检察院的产生、组织和职权;

(三)民族区域自治制度、特别行政区制度、基层群众自治制度;

(四)犯罪和刑罚;

(五)对公民政治权利的剥夺、限制人身自由的强制措施和处罚;

(六)税种的设立、税率的确定和税收征收管理等税收基本制度;

(七)对非国有财产的征收、征用;

(八)民事基本制度;

(九)基本经济制度以及财政、海关、金融和外贸的基本制度;

(十)诉讼制度和仲裁基本制度;

(十一)必须由全国人民代表大会及其常务委员会制定法律的其他事项。

第十二条　本法第十一条规定的事项尚未制定法律的，全国人民代表大会及其常务委员会有权作出决定，授权国务院可以根据实际需要，对其中的部分事项先制定行政法规，但是有关犯罪和刑罚、对公民政治权利的剥夺和限制人身自由的强制措施和处罚、司法制度等事项除外。

第十三条　授权决定应当明确授权的目的、事项、范围、期限以及被授权机关实施授权决定应当遵循的原则等。

授权的期限不得超过五年，但是授权决定另有规定的除外。

被授权机关应当在授权期限届满的六个月以前，向授权机关报告授权决定实施的情况，并提出是否需要制定有关法律的意见；需要继续授权的，可以提出相关意见，由全国人民代表大会及其常务委员会决定。

第十四条　授权立法事项，经过实践检验，制定法律的条件成熟时，由全国人民代表大会及其常务委员会及时制定法律。法律制定后，相应立法事项的授权终止。

第十五条　被授权机关应当严格按照授权决定行使被授予的权力。

被授权机关不得将被授予的权力转授给其他机关。

第十六条　全国人民代表大会及其常务委员会可以根据改革发展的需要，决定就特定事项授权在规定期限和范围内暂时调整或者暂时停止适用法律的部分规定。

暂时调整或者暂时停止适用法律的部分规定的事项，实践证明可行的，由全国人民代表大会及其常务委员会及时修改有关法律；修改法律的条件尚不成熟的，可以延长授权的期限，或者恢复施行有关法律规定。

第二节　全国人民代表大会立法程序

第十七条　全国人民代表大会主席团可以向全国人民代表大会提出法律案，由全国人民代表大会会议审议。

全国人民代表大会常务委员会、国务院、中央军事委员会、国家监察委员会、最高人民法院、最高人民检察院、全国人民代表大会各专门委员会，可以向全国人民代表大会提出法律案，由主席团决定列入会议议程。

第十八条　一个代表团或者三十名以上的代表联名，可以向全国人民代表大会提出法律案，由主席团决定是否列入会议议程，或者先交有关的专门委员会审议、提出是否列入会议议程的意见,再决定是否列入会议议程。

专门委员会审议的时候,可以邀请提案人列席会议,发表意见。

第十九条　向全国人民代表大会提出的法律案,在全国人民代表大会闭会期间,可以先向常务委员会提出,经常务委员会会议依照本法第二章第三节规定的有关程序审议后,决定提请全国人民代表大会审议,由常务委员会向大会全体会议作说明,或者由提案人向大会全体会议作说明。

常务委员会依照前款规定审议法律案,应当通过多种形式征求全国人民代表大会代表的意见,并将有关情况予以反馈;专门委员会和常务委员会工作机构进行立法调研,可以邀请有关的全国人民代表大会代表参加。

第二十条　常务委员会决定提请全国人民代表大会会议审议的法律案,应当在会议举行的一个月前将法律草案发给代表,并可以适时组织代表研读讨论,征求代表的意见。

第二十一条　列入全国人民代表大会会议议程的法律案,大会全体会议听取提案人的说明后,由各代表团进行审议。

各代表团审议法律案时,提案人应当派人听取意见,回答询问。

各代表团审议法律案时,根据代表团的要求,有关机关、组织应当派人介绍情况。

第二十二条　列入全国人民代表大会会议议程的法律案,由有关的专门委员会进行审议,向主席团提出审议意见,并印发会议。

第二十三条　列入全国人民代表大会会议议程的法律案,由宪法和法律委员会根据各代表团和有关的专门委员会的审议意见,对法律案进行统一审议,向主席团提出审议结果报告和法律草案修改稿,对涉及的合宪性问题以及重要的不同意见应当在审议结果报告中予以说明,经主席团会议审议通过后,印发会议。

第二十四条　列入全国人民代表大会会议议程的法律案,必要时,主席团常务主席可以召开各代表团团长会议,就法律案中的重大问题听取各代表团的审议意见,进行讨论,并将讨论的情况和意见向主席团报告。

主席团常务主席也可以就法律案中的重大的专门性问题,召集代表团推选的有关代表进行讨论,并将讨论的情况和意见向主席团报告。

第二十五条　列入全国人民代表大会会议议程的法律案,在交付表决前,提案人要求撤回的,应当说明理由,经主席团同意,并向大会报告,对该法律案的审议即行终止。

第二十六条 法律案在审议中有重大问题需要进一步研究的,经主席团提出,由大会全体会议决定,可以授权常务委员会根据代表的意见进一步审议,作出决定,并将决定情况向全国人民代表大会下次会议报告;也可以授权常务委员会根据代表的意见进一步审议,提出修改方案,提请全国人民代表大会下次会议审议决定。

第二十七条 法律草案修改稿经各代表团审议,由宪法和法律委员会根据各代表团的审议意见进行修改,提出法律草案表决稿,由主席团提请大会全体会议表决,由全体代表的过半数通过。

第二十八条 全国人民代表大会通过的法律由国家主席签署主席令予以公布。

第三节 全国人民代表大会常务委员会立法程序

第二十九条 委员长会议可以向常务委员会提出法律案,由常务委员会会议审议。

国务院、中央军事委员会、国家监察委员会、最高人民法院、最高人民检察院、全国人民代表大会各专门委员会,可以向常务委员会提出法律案,由委员长会议决定列入常务委员会会议议程,或者先交有关的专门委员会审议、提出报告,再决定列入常务委员会会议议程。如果委员长会议认为法律案有重大问题需要进一步研究,可以建议提案人修改完善后再向常务委员会提出。

第三十条 常务委员会组成人员十人以上联名,可以向常务委员会提出法律案,由委员长会议决定是否列入常务委员会会议议程,或者先交有关的专门委员会审议、提出是否列入会议议程的意见,再决定是否列入常务委员会会议议程。不列入常务委员会会议议程的,应当向常务委员会会议报告或者向提案人说明。

专门委员会审议的时候,可以邀请提案人列席会议,发表意见。

第三十一条 列入常务委员会会议议程的法律案,除特殊情况外,应当在会议举行的七日前将法律草案发给常务委员会组成人员。

常务委员会会议审议法律案时,应当邀请有关的全国人民代表大会代表列席会议。

第三十二条　列入常务委员会会议议程的法律案,一般应当经三次常务委员会会议审议后再交付表决。

常务委员会会议第一次审议法律案,在全体会议上听取提案人的说明,由分组会议进行初步审议。

常务委员会会议第二次审议法律案,在全体会议上听取宪法和法律委员会关于法律草案修改情况和主要问题的汇报,由分组会议进一步审议。

常务委员会会议第三次审议法律案,在全体会议上听取宪法和法律委员会关于法律草案审议结果的报告,由分组会议对法律草案修改稿进行审议。

常务委员会审议法律案时,根据需要,可以召开联组会议或者全体会议,对法律草案中的主要问题进行讨论。

第三十三条　列入常务委员会会议议程的法律案,各方面的意见比较一致的,可以经两次常务委员会会议审议后交付表决;调整事项较为单一或者部分修改的法律案,各方面的意见比较一致,或者遇有紧急情形的,也可以经一次常务委员会会议审议即交付表决。

第三十四条　常务委员会分组会议审议法律案时,提案人应当派人听取意见,回答询问。

常务委员会分组会议审议法律案时,根据小组的要求,有关机关、组织应当派人介绍情况。

第三十五条　列入常务委员会会议议程的法律案,由有关的专门委员会进行审议,提出审议意见,印发常务委员会会议。

有关的专门委员会审议法律案时,可以邀请其他专门委员会的成员列席会议,发表意见。

第三十六条　列入常务委员会会议议程的法律案,由宪法和法律委员会根据常务委员会组成人员、有关的专门委员会的审议意见和各方面提出的意见,对法律案进行统一审议,提出修改情况的汇报或者审议结果报告和法律草案修改稿,对涉及的合宪性问题以及重要的不同意见应当在修改情况的汇报或者审议结果报告中予以说明。对有关的专门委员会的审议意见没有采纳的,应当向有关的专门委员会反馈。

宪法和法律委员会审议法律案时,应当邀请有关的专门委员会的成员列席会议,发表意见。

第三十七条 专门委员会审议法律案时,应当召开全体会议审议,根据需要,可以要求有关机关、组织派有关负责人说明情况。

第三十八条 专门委员会之间对法律草案的重要问题意见不一致时,应当向委员长会议报告。

第三十九条 列入常务委员会会议议程的法律案,宪法和法律委员会、有关的专门委员会和常务委员会工作机构应当听取各方面的意见。听取意见可以采取座谈会、论证会、听证会等多种形式。

法律案有关问题专业性较强,需要进行可行性评价的,应当召开论证会,听取有关专家、部门和全国人民代表大会代表等方面的意见。论证情况应当向常务委员会报告。

法律案有关问题存在重大意见分歧或者涉及利益关系重大调整,需要进行听证的,应当召开听证会,听取有关基层和群体代表、部门、人民团体、专家、全国人民代表大会代表和社会有关方面的意见。听证情况应当向常务委员会报告。

常务委员会工作机构应当将法律草案发送相关领域的全国人民代表大会代表、地方人民代表大会常务委员会以及有关部门、组织和专家征求意见。

第四十条 列入常务委员会会议议程的法律案,应当在常务委员会会议后将法律草案及其起草、修改的说明等向社会公布,征求意见,但是经委员长会议决定不公布的除外。向社会公布征求意见的时间一般不少于三十日。征求意见的情况应当向社会通报。

第四十一条 列入常务委员会会议议程的法律案,常务委员会工作机构应当收集整理分组审议的意见和各方面提出的意见以及其他有关资料,分送宪法和法律委员会、有关的专门委员会,并根据需要,印发常务委员会会议。

第四十二条 拟提请常务委员会会议审议通过的法律案,在宪法和法律委员会提出审议结果报告前,常务委员会工作机构可以对法律草案中主要制度规范的可行性、法律出台时机、法律实施的社会效果和可能出现的问题等进行评估。评估情况由宪法和法律委员会在审议结果报告中予以说明。

第四十三条 列入常务委员会会议议程的法律案,在交付表决前,提案人要求撤回的,应当说明理由,经委员长会议同意,并向常务委员会报告,对该法律案的审议即行终止。

第四十四条 法律草案修改稿经常务委员会会议审议,由宪法和法律委员会根据常务委员会组成人员的审议意见进行修改,提出法律草案表决稿,由委员长会议提请常务委员会全体会议表决,由常务委员会全体组成人员的过半数通过。

法律草案表决稿交付常务委员会会议表决前,委员长会议根据常务委员会会议审议的情况,可以决定将个别意见分歧较大的重要条款提请常务委员会会议单独表决。

单独表决的条款经常务委员会会议表决后,委员长会议根据单独表决的情况,可以决定将法律草案表决稿交付表决,也可以决定暂不付表决,交宪法和法律委员会、有关的专门委员会进一步审议。

第四十五条　列入常务委员会会议审议的法律案,因各方面对制定该法律的必要性、可行性等重大问题存在较大意见分歧搁置审议满两年的,或者因暂不付表决经过两年没有再次列入常务委员会会议议程审议的,委员长会议可以决定终止审议,并向常务委员会报告;必要时,委员长会议也可以决定延期审议。

第四十六条　对多部法律中涉及同类事项的个别条款进行修改,一并提出法律案的,经委员长会议决定,可以合并表决,也可以分别表决。

第四十七条　常务委员会通过的法律由国家主席签署主席令予以公布。

第四节　法律解释

第四十八条　法律解释权属于全国人民代表大会常务委员会。

法律有以下情况之一的,由全国人民代表大会常务委员会解释:

(一)法律的规定需要进一步明确具体含义的;

(二)法律制定后出现新的情况,需要明确适用法律依据的。

第四十九条　国务院、中央军事委员会、国家监察委员会、最高人民法院、最高人民检察院、全国人民代表大会各专门委员会,可以向全国人民代表大会常务委员会提出法律解释要求或者提出相关法律案。

省、自治区、直辖市的人民代表大会常务委员会可以向全国人民代表大会常务委员会提出法律解释要求。

第五十条　常务委员会工作机构研究拟订法律解释草案,由委员长会议决定列入常务委员会会议议程。

第五十一条　法律解释草案经常务委员会会议审议，由宪法和法律委员会根据常务委员会组成人员的审议意见进行审议、修改，提出法律解释草案表决稿。

第五十二条　法律解释草案表决稿由常务委员会全体组成人员的过半数通过，由常务委员会发布公告予以公布。

第五十三条　全国人民代表大会常务委员会的法律解释同法律具有同等效力。

第五节　其他规定

第五十四条　全国人民代表大会及其常务委员会加强对立法工作的组织协调，发挥在立法工作中的主导作用。

第五十五条　全国人民代表大会及其常务委员会坚持科学立法、民主立法、依法立法，通过制定、修改、废止、解释法律和编纂法典等多种形式，增强立法的系统性、整体性、协同性、时效性。

第五十六条　全国人民代表大会常务委员会通过立法规划和年度立法计划、专项立法计划等形式，加强对立法工作的统筹安排。编制立法规划和立法计划，应当认真研究代表议案和建议，广泛征集意见，科学论证评估，根据经济社会发展和民主法治建设的需要，按照加强重点领域、新兴领域、涉外领域立法的要求，确定立法项目。立法规划和立法计划由委员长会议通过并向社会公布。

全国人民代表大会常务委员会工作机构负责编制立法规划、拟订立法计划，并按照全国人民代表大会常务委员会的要求，督促立法规划和立法计划的落实。

第五十七条　全国人民代表大会有关的专门委员会、常务委员会工作机构应当提前参与有关方面的法律草案起草工作；综合性、全局性、基础性的重要法律草案，可以由有关的专门委员会或者常务委员会工作机构组织起草。

专业性较强的法律草案，可以吸收相关领域的专家参与起草工作，或者委托有关专家、教学科研单位、社会组织起草。

第五十八条　提出法律案，应当同时提出法律草案文本及其说明，并提供必要的参阅资料。修改法律的，还应当提交修改前后的对照文本。法律草案的说明应当包括制定或者修改法律的必要性、可行性和主要内容,涉及合宪性问题的相关意见以及起草过程中对重大分歧意见的协调处理情况。

第五十九条 向全国人民代表大会及其常务委员会提出的法律案,在列入会议议程前,提案人有权撤回。

第六十条 交付全国人民代表大会及其常务委员会全体会议表决未获得通过的法律案,如果提案人认为必须制定该法律,可以按照法律规定的程序重新提出,由主席团、委员长会议决定是否列入会议议程;其中,未获得全国人民代表大会通过的法律案,应当提请全国人民代表大会审议决定。

第六十一条 法律应当明确规定施行日期。

第六十二条 签署公布法律的主席令载明该法律的制定机关、通过和施行日期。

法律签署公布后,法律文本以及法律草案的说明、审议结果报告等,应当及时在全国人民代表大会常务委员会公报和中国人大网以及在全国范围内发行的报纸上刊载。

在常务委员会公报上刊登的法律文本为标准文本。

第六十三条 法律的修改和废止程序,适用本章的有关规定。

法律被修改的,应当公布新的法律文本。

法律被废止的,除由其他法律规定废止该法律的以外,由国家主席签署主席令予以公布。

第六十四条 法律草案与其他法律相关规定不一致的,提案人应当予以说明并提出处理意见,必要时应当同时提出修改或者废止其他法律相关规定的议案。

宪法和法律委员会、有关的专门委员会审议法律案时,认为需要修改或者废止其他法律相关规定的,应当提出处理意见。

第六十五条 法律根据内容需要,可以分编、章、节、条、款、项、目。

编、章、节、条的序号用中文数字依次表述,款不编序号,项的序号用中文数字加括号依次表述,目的序号用阿拉伯数字依次表述。

法律标题的题注应当载明制定机关、通过日期。经过修改的法律,应当依次载明修改机关、修改日期。

全国人民代表大会常务委员会工作机构编制立法技术规范。

第六十六条 法律规定明确要求有关国家机关对专门事项作出配套的

具体规定的，有关国家机关应当自法律施行之日起一年内作出规定，法律对配套的具体规定制定期限另有规定的，从其规定。有关国家机关未能在期限内作出配套的具体规定的，应当向全国人民代表大会常务委员会说明情况。

第六十七条　全国人民代表大会有关的专门委员会、常务委员会工作机构可以组织对有关法律或者法律中有关规定进行立法后评估。评估情况应当向常务委员会报告。

第六十八条　全国人民代表大会及其常务委员会作出有关法律问题的决定，适用本法的有关规定。

第六十九条　全国人民代表大会常务委员会工作机构可以对有关具体问题的法律询问进行研究予以答复，并报常务委员会备案。

第七十条　全国人民代表大会常务委员会工作机构根据实际需要设立基层立法联系点，深入听取基层群众和有关方面对法律草案和立法工作的意见。

第七十一条　全国人民代表大会常务委员会工作机构加强立法宣传工作，通过多种形式发布立法信息、介绍情况、回应关切。

第三章　行政法规

第七十二条　国务院根据宪法和法律，制定行政法规。

行政法规可以就下列事项作出规定：

（一）为执行法律的规定需要制定行政法规的事项；

（二）宪法第八十九条规定的国务院行政管理职权的事项。

应当由全国人民代表大会及其常务委员会制定法律的事项，国务院根据全国人民代表大会及其常务委员会的授权决定先制定的行政法规，经过实践检验，制定法律的条件成熟时，国务院应当及时提请全国人民代表大会及其常务委员会制定法律。

第七十三条　国务院法制机构应当根据国家总体工作部署拟订国务院年度立法计划，报国务院审批。国务院年度立法计划中的法律项目应当与全国人民代表大会常务委员会的立法规划和立法计划相衔接。国务院法制机构应当及时跟踪了解国务院各部门落实立法计划的情况，加强组织协调和督促指导。

国务院有关部门认为需要制定行政法规的,应当向国务院报请立项。

第七十四条　行政法规由国务院有关部门或者国务院法制机构具体负责起草,重要行政管理的法律、行政法规草案由国务院法制机构组织起草。行政法规在起草过程中,应当广泛听取有关机关、组织、人民代表大会代表和社会公众的意见。听取意见可以采取座谈会、论证会、听证会等多种形式。

行政法规草案应当向社会公布,征求意见,但是经国务院决定不公布的除外。

第七十五条　行政法规起草工作完成后,起草单位应当将草案及其说明、各方面对草案主要问题的不同意见和其他有关资料送国务院法制机构进行审查。

国务院法制机构应当向国务院提出审查报告和草案修改稿,审查报告应当对草案主要问题作出说明。

第七十六条　行政法规的决定程序依照中华人民共和国国务院组织法的有关规定办理。

第七十七条　行政法规由总理签署国务院令公布。

有关国防建设的行政法规,可以由国务院总理、中央军事委员会主席共同签署国务院、中央军事委员会令公布。

第七十八条　行政法规签署公布后,及时在国务院公报和中国政府法制信息网以及在全国范围内发行的报纸上刊载。

在国务院公报上刊登的行政法规文本为标准文本。

第七十九条　国务院可以根据改革发展的需要,决定就行政管理等领域的特定事项,在规定期限和范围内暂时调整或者暂时停止适用行政法规的部分规定。

第四章　地方性法规、自治条例和单行条例、规章

第一节　地方性法规、自治条例和单行条例

第八十条　省、自治区、直辖市的人民代表大会及其常务委员会根据本行政区域的具体情况和实际需要,在不同宪法、法律、行政法规相抵触的前提

下,可以制定地方性法规。

第八十一条 设区的市的人民代表大会及其常务委员会根据本市的具体情况和实际需要,在不同宪法、法律、行政法规和本省、自治区的地方性法规相抵触的前提下,可以对城乡建设与管理、生态文明建设、历史文化保护、基层治理等方面的事项制定地方性法规,法律对设区的市制定地方性法规的事项另有规定的,从其规定。设区的市的地方性法规须报省、自治区的人民代表大会常务委员会批准后施行。省、自治区的人民代表大会常务委员会对报请批准的地方性法规,应当对其合法性进行审查,认为同宪法、法律、行政法规和本省、自治区的地方性法规不抵触的,应当在四个月内予以批准。

省、自治区的人民代表大会常务委员会在对报请批准的设区的市的地方性法规进行审查时,发现其同本省、自治区的人民政府的规章相抵触的,应当作出处理决定。

除省、自治区的人民政府所在地的市,经济特区所在地的市和国务院已经批准的较大的市以外,其他设区的市开始制定地方性法规的具体步骤和时间,由省、自治区的人民代表大会常务委员会综合考虑本省、自治区所辖的设区的市的人口数量、地域面积、经济社会发展情况以及立法需求、立法能力等因素确定,并报全国人民代表大会常务委员会和国务院备案。

自治州的人民代表大会及其常务委员会可以依照本条第一款规定行使设区的市制定地方性法规的职权。自治州开始制定地方性法规的具体步骤和时间,依照前款规定确定。

省、自治区的人民政府所在地的市,经济特区所在地的市和国务院已经批准的较大的市已经制定的地方性法规,涉及本条第一款规定事项范围以外的,继续有效。

第八十二条 地方性法规可以就下列事项作出规定:

(一)为执行法律、行政法规的规定,需要根据本行政区域的实际情况作具体规定的事项;

(二)属于地方性事务需要制定地方性法规的事项。

除本法第十一条规定的事项外,其他事项国家尚未制定法律或者行政法规的,省、自治区、直辖市和设区的市、自治州根据本地方的具体情况和实际需要,可以先制定地方性法规。在国家制定的法律或者行政法规生效后,地方性法规同法律或者行政法规相抵触的规定无效,制定机关应当及时予以修改或者废止。

设区的市、自治州根据本条第一款、第二款制定地方性法规,限于本法第八十一条第一款规定的事项。

制定地方性法规,对上位法已经明确规定的内容,一般不作重复性规定。

第八十三条　省、自治区、直辖市和设区的市、自治州的人民代表大会及其常务委员会根据区域协调发展的需要,可以协同制定地方性法规,在本行政区域或者有关区域内实施。

省、自治区、直辖市和设区的市、自治州可以建立区域协同立法工作机制。

第八十四条　经济特区所在地的省、市的人民代表大会及其常务委员会根据全国人民代表大会的授权决定,制定法规,在经济特区范围内实施。

上海市人民代表大会及其常务委员会根据全国人民代表大会常务委员会的授权决定,制定浦东新区法规,在浦东新区实施。

海南省人民代表大会及其常务委员会根据法律规定,制定海南自由贸易港法规,在海南自由贸易港范围内实施。

第八十五条　民族自治地方的人民代表大会有权依照当地民族的政治、经济和文化的特点,制定自治条例和单行条例。自治区的自治条例和单行条例,报全国人民代表大会常务委员会批准后生效。自治州、自治县的自治条例和单行条例,报省、自治区、直辖市的人民代表大会常务委员会批准后生效。

自治条例和单行条例可以依照当地民族的特点,对法律和行政法规的规定作出变通规定,但不得违背法律或者行政法规的基本原则,不得对宪法和民族区域自治法的规定以及其他有关法律、行政法规专门就民族自治地方所作的规定作出变通规定。

第八十六条　规定本行政区域特别重大事项的地方性法规,应当由人民代表大会通过。

第八十七条　地方性法规案、自治条例和单行条例案的提出、审议和表决程序,根据中华人民共和国地方各级人民代表大会和地方各级人民政府组织法,参照本法第二章第二节、第三节、第五节的规定,由本级人民代表大会规定。

地方性法规草案由负责统一审议的机构提出审议结果的报告和草案修

改稿。

第八十八条 省、自治区、直辖市的人民代表大会制定的地方性法规由大会主席团发布公告予以公布。

省、自治区、直辖市的人民代表大会常务委员会制定的地方性法规由常务委员会发布公告予以公布。

设区的市、自治州的人民代表大会及其常务委员会制定的地方性法规报经批准后，由设区的市、自治州的人民代表大会常务委员会发布公告予以公布。

自治条例和单行条例报经批准后，分别由自治区、自治州、自治县的人民代表大会常务委员会发布公告予以公布。

第八十九条 地方性法规、自治条例和单行条例公布后，其文本以及草案的说明、审议结果报告等，应当及时在本级人民代表大会常务委员会公报和中国人大网、本地方人民代表大会网站以及在本行政区域范围内发行的报纸上刊载。

在常务委员会公报上刊登的地方性法规、自治条例和单行条例文本为标准文本。

第九十条 省、自治区、直辖市和设区的市、自治州的人民代表大会常务委员会根据实际需要设立基层立法联系点，深入听取基层群众和有关方面对地方性法规、自治条例和单行条例草案的意见。

第二节 规　　章

第九十一条 国务院各部、委员会、中国人民银行、审计署和具有行政管理职能的直属机构以及法律规定的机构，可以根据法律和国务院的行政法规、决定、命令，在本部门的权限范围内，制定规章。

部门规章规定的事项应当属于执行法律或者国务院的行政法规、决定、命令的事项。没有法律或者国务院的行政法规、决定、命令的依据，部门规章不得设定减损公民、法人和其他组织权利或者增加其义务的规范，不得增加本部门的权力或者减少本部门的法定职责。

第九十二条 涉及两个以上国务院部门职权范围的事项，应当提请国务院制定行政法规或者由国务院有关部门联合制定规章。

第九十三条　省、自治区、直辖市和设区的市、自治州的人民政府,可以根据法律、行政法规和本省、自治区、直辖市的地方性法规,制定规章。

地方政府规章可以就下列事项作出规定:

(一)为执行法律、行政法规、地方性法规的规定需要制定规章的事项;

(二)属于本行政区域的具体行政管理事项。

设区的市、自治州的人民政府根据本条第一款、第二款制定地方政府规章,限于城乡建设与管理、生态文明建设、历史文化保护、基层治理等方面的事项。已经制定的地方政府规章,涉及上述事项范围以外的,继续有效。

除省、自治区的人民政府所在地的市,经济特区所在地的市和国务院已经批准的较大的市以外,其他设区的市、自治州的人民政府开始制定规章的时间,与本省、自治区人民代表大会常务委员会确定的本市、自治州开始制定地方性法规的时间同步。

应当制定地方性法规但条件尚不成熟的,因行政管理迫切需要,可以先制定地方政府规章。规章实施满两年需要继续实施规章所规定的行政措施的,应当提请本级人民代表大会或者其常务委员会制定地方性法规。

没有法律、行政法规、地方性法规的依据,地方政府规章不得设定减损公民、法人和其他组织权利或者增加其义务的规范。

第九十四条　国务院部门规章和地方政府规章的制定程序,参照本法第三章的规定,由国务院规定。

第九十五条　部门规章应当经部务会议或者委员会会议决定。

地方政府规章应当经政府常务会议或者全体会议决定。

第九十六条　部门规章由部门首长签署命令予以公布。

地方政府规章由省长、自治区主席、市长或者自治州州长签署命令予以公布。

第九十七条　部门规章签署公布后,及时在国务院公报或者部门公报和中国政府法制信息网以及在全国范围内发行的报纸上刊载。

地方政府规章签署公布后,及时在本级人民政府公报和中国政府法制信息网以及在本行政区域范围内发行的报纸上刊载。

在国务院公报或者部门公报和地方人民政府公报上刊登的规章文本为标准文本。

第五章 适用与备案审查

第九十八条 宪法具有最高的法律效力，一切法律、行政法规、地方性法规、自治条例和单行条例、规章都不得同宪法相抵触。

第九十九条 法律的效力高于行政法规、地方性法规、规章。

行政法规的效力高于地方性法规、规章。

第一百条 地方性法规的效力高于本级和下级地方政府规章。

省、自治区的人民政府制定的规章的效力高于本行政区域内的设区的市、自治州的人民政府制定的规章。

第一百零一条 自治条例和单行条例依法对法律、行政法规、地方性法规作变通规定的，在本自治地方适用自治条例和单行条例的规定。

经济特区法规根据授权对法律、行政法规、地方性法规作变通规定的，在本经济特区适用经济特区法规的规定。

第一百零二条 部门规章之间、部门规章与地方政府规章之间具有同等效力，在各自的权限范围内施行。

第一百零三条 同一机关制定的法律、行政法规、地方性法规、自治条例和单行条例、规章，特别规定与一般规定不一致的，适用特别规定；新的规定与旧的规定不一致的，适用新的规定。

第一百零四条 法律、行政法规、地方性法规、自治条例和单行条例、规章不溯及既往，但为了更好地保护公民、法人和其他组织的权利和利益而作的特别规定除外。

第一百零五条 法律之间对同一事项的新的一般规定与旧的特别规定不一致，不能确定如何适用时，由全国人民代表大会常务委员会裁决。

行政法规之间对同一事项的新的一般规定与旧的特别规定不一致，不能确定如何适用时，由国务院裁决。

第一百零六条 地方性法规、规章之间不一致时，由有关机关依照下列规定的权限作出裁决：

（一）同一机关制定的新的一般规定与旧的特别规定不一致时，由制定机关裁决；

（二）地方性法规与部门规章之间对同一事项的规定不一致，不能确定如何适用时,由国务院提出意见,国务院认为应当适用地方性法规的,应当决定在该地方适用地方性法规的规定;认为应当适用部门规章的,应当提请全国人民代表大会常务委员会裁决;

(三)部门规章之间、部门规章与地方政府规章之间对同一事项的规定不一致时,由国务院裁决。

根据授权制定的法规与法律规定不一致,不能确定如何适用时,由全国人民代表大会常务委员会裁决。

第一百零七条　法律、行政法规、地方性法规、自治条例和单行条例、规章有下列情形之一的,由有关机关依照本法第一百零八条规定的权限予以改变或者撤销:

(一)超越权限的;

(二)下位法违反上位法规定的;

(三)规章之间对同一事项的规定不一致,经裁决应当改变或者撤销一方的规定的;

(四)规章的规定被认为不适当,应当予以改变或者撤销的;

(五)违背法定程序的。

第一百零八条　改变或者撤销法律、行政法规、地方性法规、自治条例和单行条例、规章的权限是:

(一)全国人民代表大会有权改变或者撤销它的常务委员会制定的不适当的法律,有权撤销全国人民代表大会常务委员会批准的违背宪法和本法第八十五条第二款规定的自治条例和单行条例;

(二)全国人民代表大会常务委员会有权撤销同宪法和法律相抵触的行政法规,有权撤销同宪法、法律和行政法规相抵触的地方性法规,有权撤销省、自治区、直辖市的人民代表大会常务委员会批准的违背宪法和本法第八十五条第二款规定的自治条例和单行条例;

(三)国务院有权改变或者撤销不适当的部门规章和地方政府规章;

(四)省、自治区、直辖市的人民代表大会有权改变或者撤销它的常务委员会制定的和批准的不适当的地方性法规;

(五)地方人民代表大会常务委员会有权撤销本级人民政府制定的不适当的规章;

(六)省、自治区的人民政府有权改变或者撤销下一级人民政府制定的不适当的规章；

（七）授权机关有权撤销被授权机关制定的超越授权范围或者违背授权目的的法规，必要时可以撤销授权。

第一百零九条 行政法规、地方性法规、自治条例和单行条例、规章应当在公布后的三十日内依照下列规定报有关机关备案：

（一）行政法规报全国人民代表大会常务委员会备案；

（二）省、自治区、直辖市的人民代表大会及其常务委员会制定的地方性法规，报全国人民代表大会常务委员会和国务院备案；设区的市、自治州的人民代表大会及其常务委员会制定的地方性法规，由省、自治区的人民代表大会常务委员会报全国人民代表大会常务委员会和国务院备案；

（三）自治州、自治县的人民代表大会制定的自治条例和单行条例，由省、自治区、直辖市的人民代表大会常务委员会报全国人民代表大会常务委员会和国务院备案；自治条例、单行条例报送备案时，应当说明对法律、行政法规、地方性法规作出变通的情况；

（四）部门规章和地方政府规章报国务院备案；地方政府规章应当同时报本级人民代表大会常务委员会备案；设区的市、自治州的人民政府制定的规章应当同时报省、自治区的人民代表大会常务委员会和人民政府备案；

（五）根据授权制定的法规应当报授权决定规定的机关备案；经济特区法规、浦东新区法规、海南自由贸易港法规报送备案时，应当说明变通的情况。

第一百一十条 国务院、中央军事委员会、国家监察委员会、最高人民法院、最高人民检察院和各省、自治区、直辖市的人民代表大会常务委员会认为行政法规、地方性法规、自治条例和单行条例同宪法或者法律相抵触，或者存在合宪性、合法性问题的，可以向全国人民代表大会常务委员会书面提出进行审查的要求，由全国人民代表大会有关的专门委员会和常务委员会工作机构进行审查、提出意见。

前款规定以外的其他国家机关和社会团体、企业事业组织以及公民认为行政法规、地方性法规、自治条例和单行条例同宪法或者法律相抵触的，可以向全国人民代表大会常务委员会书面提出进行审查的建议，由常务委员会工作机构进行审查；必要时，送有关的专门委员会进行审查、提出意见。

第一百一十一条 全国人民代表大会专门委员会、常务委员会工作机构可以对报送备案的行政法规、地方性法规、自治条例和单行条例等进行主动审查,并可以根据需要进行专项审查。

国务院备案审查工作机构可以对报送备案的地方性法规、自治条例和单行条例,部门规章和省、自治区、直辖市的人民政府制定的规章进行主动审查,并可以根据需要进行专项审查。

第一百一十二条 全国人民代表大会专门委员会、常务委员会工作机构在审查中认为行政法规、地方性法规、自治条例和单行条例同宪法或者法律相抵触,或者存在合宪性、合法性问题的,可以向制定机关提出书面审查意见;也可以由宪法和法律委员会与有关的专门委员会、常务委员会工作机构召开联合审查会议,要求制定机关到会说明情况,再向制定机关提出书面审查意见。制定机关应当在两个月内研究提出是否修改或者废止的意见,并向全国人民代表大会宪法和法律委员会、有关的专门委员会或者常务委员会工作机构反馈。

全国人民代表大会宪法和法律委员会、有关的专门委员会、常务委员会工作机构根据前款规定,向制定机关提出审查意见,制定机关按照所提意见对行政法规、地方性法规、自治条例和单行条例进行修改或者废止的,审查终止。

全国人民代表大会宪法和法律委员会、有关的专门委员会、常务委员会工作机构经审查认为行政法规、地方性法规、自治条例和单行条例同宪法或者法律相抵触,或者存在合宪性、合法性问题需要修改或者废止,而制定机关不予修改或者废止的,应当向委员长会议提出予以撤销的议案、建议,由委员长会议决定提请常务委员会会议审议决定。

第一百一十三条 全国人民代表大会有关的专门委员会、常务委员会工作机构应当按照规定要求,将审查情况向提出审查建议的国家机关、社会团体、企业事业组织以及公民反馈,并可以向社会公开。

第一百一十四条 其他接受备案的机关对报送备案的地方性法规、自治条例和单行条例、规章的审查程序,按照维护法制统一的原则,由接受备案的机关规定。

第一百一十五条 备案审查机关应当建立健全备案审查衔接联动机制,对应当由其他机关处理的审查要求或者审查建议,及时移送有关机关处理。

第一百一十六条 对法律、行政法规、地方性法规、自治条例和单行条例、规章和其他规范性文件,制定机关根据维护法制统一的原则和改革发展的需要进行清理。

第六章 附 则

第一百一十七条 中央军事委员会根据宪法和法律,制定军事法规。

中国人民解放军各战区、军兵种和中国人民武装警察部队,可以根据法律和中央军事委员会的军事法规、决定、命令,在其权限范围内,制定军事规章。

军事法规、军事规章在武装力量内部实施。

军事法规、军事规章的制定、修改和废止办法,由中央军事委员会依照本法规定的原则规定。

第一百一十八条 国家监察委员会根据宪法和法律、全国人民代表大会常务委员会的有关决定,制定监察法规,报全国人民代表大会常务委员会备案。

第一百一十九条 最高人民法院、最高人民检察院作出的属于审判、检察工作中具体应用法律的解释,应当主要针对具体的法律条文,并符合立法的目的、原则和原意。遇有本法第四十八条第二款规定情况的,应当向全国人民代表大会常务委员会提出法律解释的要求或者提出制定、修改有关法律的议案。

最高人民法院、最高人民检察院作出的属于审判、检察工作中具体应用法律的解释,应当自公布之日起三十日内报全国人民代表大会常务委员会备案。

最高人民法院、最高人民检察院以外的审判机关和检察机关,不得作出具体应用法律的解释。

第一百二十条 本法自 2000 年 7 月 1 日起施行。

附录三

关联法规文件详目

一、国家机构及其工作人员

1. 一般规定

《公务员法》

《行政机关公务员处分条例》

2. 人民代表大会

《全国人民代表大会和地方各级人民代表大会选举法》

《全国人民代表大会常务委员会关于县级以下人民代表大会代表直接选举的若干规定》

《中国人民解放军选举全国人民代表大会和县级以上地方各级人民代表大会代表的办法》

《全国人民代表大会和地方各级人民代表大会代表法》

《全国人民代表大会组织法》

《全国人民代表大会议事规则》

《全国人民代表大会常务委员会议事规则》

《全国人民代表大会常务委员会组成人员守则》

《地方各级人民代表大会和地方各级人民政府组织法》

《各级人民代表大会常务委员会监督法》

3. 国务院

《国务院组织法》

《政府参事工作条例》

《国务院工作规则》

《国务院关于机构设置的通知(2018 年)》

《国务院关于部委管理的国家局设置的通知(2018 年)》

《国务院关于议事协调机构设置的通知》

《政府信息公开条例》

《国务院办公厅关于施行〈中华人民共和国政府信息公开条例〉若干问题的意见》

4. 监察委员会、监察官

《监察法》

《监察法实施条例》

《监察官法》

5. 法院、法官

《人民法院组织法》

《全国人民代表大会常务委员会关于在沿海港口城市设立海事法院的决定》

《全国人民代表大会常务委员会关于新疆维吾尔自治区生产建设兵团设置人民法院和人民检察院的决定》

《全国人民代表大会常务委员会关于在北京、上海、广州设立知识产权法院的决定》

《法官法》

《法官等级暂行规定》

《地方各级人民法院及专门人民法院院长、副院长引咎辞职规定(试行)》

6. 检察院、检察官

《人民检察院组织法》

《检察官法》

《检察官等级暂行规定》

二、公民基本权利和义务

1. 一般规定

《国籍法》

《全国人民代表大会常务委员会关于〈中华人民共和国国籍法〉在香港特别行政区实施的几个问题的解释》

《全国人民代表大会常务委员会关于〈中华人民共和国国籍法〉在澳门特别行政区实施的几个问题的解释》

《居民身份证法》

《护照法》

《出境入境管理法》

2. 政治自由

《集会游行示威法》

《集会游行示威法实施条例》

《出版管理条例》

《外国常驻新闻机构和外国记者采访条例》

《社会团体登记管理条例》

3. 宗教信仰

《宗教事务条例》

《境内外国人宗教活动管理规定》

《全国人民代表大会常务委员会关于取缔邪教组织、防范和惩治邪教活动的决定》

4. 人身自由权利

《刑法》

《刑事诉讼法》

《治安管理处罚法》

《邮政法》

5. 社会经济权利与义务

《民法典》

《国家勋章和国家荣誉称号法》

《教育法》

《义务教育法》

《税收征收管理法》

《劳动法》

《劳动合同法》

《工会法》

《社会保险法》

《国务院关于完善企业职工基本养老保险制度的决定》

《国务院关于建立城镇职工基本医疗保险制度的决定》

《失业保险条例》
《工伤保险条例》
《城市居民最低生活保障条例》
《军人抚恤优待条例》
《社会救助暂行办法》
《人口与计划生育法》
《残疾人保障法》
《老年人权益保障法》
《妇女权益保障法》
《未成年人保护法》
《归侨侨眷权益保护法》

6. 国家赔偿

《国家赔偿法》
《国家赔偿费用管理条例》

三、民族区域自治制度

《民族区域自治法》
《国务院实施〈中华人民共和国民族区域自治法〉若干规定》
《民族乡行政工作条例》
《城市民族工作条例》

四、特别行政区制度

1. 香港特别行政区

《香港特别行政区基本法》

《全国人民代表大会常务委员会关于〈中华人民共和国香港特别行政区基本法〉第二十二条第四款和第二十四条第二款第(三)项的解释》

《全国人民代表大会常务委员会关于〈中华人民共和国香港特别行政区基本法〉附件一第七条和附件二第三条的解释》

《全国人民代表大会常务委员会关于〈中华人民共和国香港特别行政区基本法〉第五十三条第二款的解释》

《全国人民代表大会常务委员会关于〈中华人民共和国香港特别行政区

基本法〉第十三条第一款和第十九条的解释》

《全国人民代表大会常务委员会关于〈中华人民共和国香港特别行政区基本法〉第一百零四条的解释》

《香港特别行政区驻军法》

《香港特别行政区维护国家安全法》

《全国人民代表大会常务委员会关于〈中华人民共和国香港特别行政区维护国家安全法〉第十四条和第四十七条的解释》

2. 澳门特别行政区

《澳门特别行政区基本法》

《全国人民代表大会常务委员会关于〈中华人民共和国澳门特别行政区基本法〉附件一第七条和附件二第三条的解释》

《澳门特别行政区驻军法》

五、基层群众自治制度

《城市居民委员会组织法》

《村民委员会组织法》

六、国旗、国徽、国歌

《国旗法》

《国务院办公厅关于加强对外商投资企业升挂和使用国旗管理的通知》

《外交部关于涉外升挂和使用国旗的规定》

《船舶升挂国旗管理办法》

《国徽法》

《对外使用国徽图案的办法》

《国歌法》

七、立法工作

《立法法》

《行政法规制定程序条例》

《规章制定程序条例》

《法规规章备案条例》

《全国人民代表大会常务委员会关于加强法律解释工作的决议》
《国务院办公厅关于行政法规解释权限和程序问题的通知》
《国务院办公厅关于法规审查有关工作程序规定的通知》

八、领土、国防、外交

1. 领土

《反分裂国家法》
《领海及毗连区法》
《专属经济区和大陆架法》

2. 国防

《国防法》
《国防动员法》
《国防教育法》
《国防交通法》
《兵役法》
《现役军官法》
《预备役人员法》
《人民武装警察法》
《民兵工作条例》

3. 外交

《缔结条约程序法》
《缔结条约管理办法》
《驻外外交人员法》
《外交特权与豁免条例》
《领事特权与豁免条例》
《外国中央银行财产司法强制措施豁免法》
《反外国制裁法》

九、戒严、突发事件与国家安全

《戒严法》
《突发事件应对法》

《保守国家秘密法》
《保守国家秘密法实施条例》
《国家安全法》
《网络安全法》
《反恐怖主义法》
《国家情报法》
《反间谍法》
《反间谍法实施细则》
《境外非政府组织境内活动管理法》